AF383351

Danke!

Ich habe vielen zu danken, die an den Aufführungen an der Mittelschule in Kastelruth, Südtirol, mitgewirkt haben:

Zu allererst den Schülern und Schülerinnen für ihren Enthusiasmus, mit dem sie die Rollen übernommen, viele Stunden Texte gelernt und geprobt und dann bei den Aufführungen ihr Bestes gegeben haben;

dem Schulpersonal, vor allem dem Hauswart Josef Silbernagl, für das Herrichten der Bühne und für viele logistische Hilfestellungen;

dem Mathematiklehrer Hubert Jaider für die professionelle Ausleuchtung und für den „guten Ton";

dem ehemaligen Deutschlehrer und Theaterfachmann Reinhold Janek, der die Schüler/innen in Stimmbildung und Bühnentechnik „gestylt" hat;

unserem viel zu früh verstorbenen ehemaligen Musiklehrer Andreas Robatscher (Opal) für die faszinierende musikalische Gestaltung des Stücks „Aufstand im Himmel";

Sonia Folie für die Hilfe bei Bühnenbild und bei der Kostümberatung;

Mathilde Nozzolini für die musikalische Betreuung;

weiter allen Kolleginnen und Kollegen, die die Aufführungen im Hintergrund wohlwollend begleitet und unterstützt haben.

Elmar Perkmann

Weihnachtliche Stallgespräche

...und fünf weitere Theaterstücke mit fröhlichen und besinnlichen Inhalten rings um die Weihnachtszeit

Die vorliegenden vom Autor verfassten Theaterstücke wurden im Rahmen von Schulprojekten an der Mittelschule in Kastelruth, Südtirol, bei Weihnachtsfeiern der Schulgemeinschaft mit musikalischer Umrahmung der Musiklehrer/innen zur Aufführung gebracht.

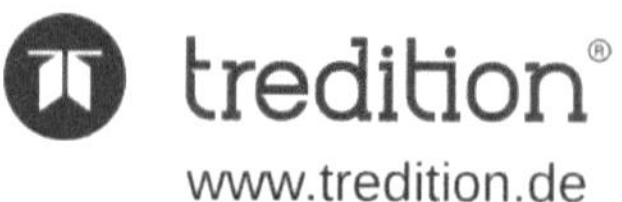

© 2015 Elmar Perkmann
Umschlag, Illustration: Elmar Perkmann
www.elmar-perkmann.eu
Völs am Schlern, Südtirol, Italien

Verlag: tredition GmbH, Hamburg

ISBN
Paperback   978-3-7323-6360-5
Hardcover   978-3-7323-6361-2
Printed in Germany

Inhaltsverzeichnis

Weihnachtliche Stallgespräche

Gespräche und Gedanken
von Mensch und Tier
im und beim Stall von Bethlehem

mit besinnlichen und humorvollen Inhalten

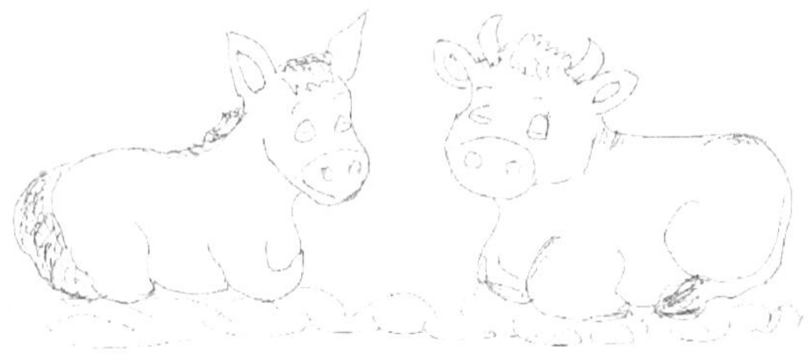

1. Bild
Ansprache

<u>Personen:</u>
Zwei Schüler/innen, abwechselnd

<u>Requisiten:</u>
Mikrofon, Scheinwerferkegel

Schüler/in 1:
Wir möchten euch mit diesem kleinen Theaterstück zurückführen in die Zeit vor 2000 Jahren, als Jesus zur Welt gekommen ist.

Schüler/in 1:
Dieses Ereignis feiern wir morgen Abend ja als Weihnachtsfest.

Schüler/in 2:
Wir laden euch zu ein paar besinnlichen Szenen ein, in denen damalige Menschen,

Schüler/in 2:
Aber auch zwei Tiere!

Schüler/in 1:
...zu Wort kommen sollen.

Schüler/in 2:
Wir haben versucht, den Menschen und Tieren eine Stimme zu geben und sie ihre Gedanken ausdrücken zu lassen, wie wir uns das vorstellen.

Schüler/in 1:
Wir folgen dabei den Texten der Evangelien.

Schüler/in 2:
Die Szenen sollen uns auf Weihnachten einstimmen. Darum bitten wir euch, ruhig und besinnlich zuzuschauen und nicht zu stören und zu klatschen.

Schüler/in 1:
Ruhig und beschaulich ist auch die Musik.

Schüler/in 2:
So, nun wünschen wir euch und uns -

Schüler/in 1 und 2:
… eine besinnliche Weihnachtsfeier!

2. Bild
Hirten auf dem Feld

Akteure:
Zwei Hirten

Requisiten:
Sternenhimmel eventuell als Projektion

Hirte 1:
Was sagst du? Ein Engel? Vielleicht ein Stern?

Hirte 2:
Kannst mir glauben. Das war kein Stern. Das war ein Engel. Und er hat zu mir gesprochen!

Hirte 1:
Ich glaub's net. Von meinen ganzen Kollegen hat noch keiner jemals einen Engel gesehen! Engel gibt's doch nur in den Geschichten. Dass du so was glaubst!

Hirte 2:
Wenn ich's sag. Und was ist mit der Bibel? Darin wimmelt's von Engeln. Hast du denn die Bibel nicht gelesen?

Hirte 1:

Lesen? Du meinst, ich kann lesen? Und du glaubst wohl auch noch, dass ich schreiben kann? Ja, kannst du denn lesen?

Hirte 2:

Nein nein, das nicht. Aber gehört hab ich im Tempel davon. Und jetzt sehe ich, dass das stimmt.

Hirte 1:

Das mit dem Engel stimmt, sagst du? Echt, oder willst du mich ein bisschen auf die Schippe nehmen? Gleich sehen tat's dir.

Hirte 2:

Wenn du nicht immer ablenken tätest! Ich bin da drüben hinterm Hügel und denk mir nix. Der Rolfi treibt ein verlorenes Schaf zurück, ich hör, wie er einen Bogen macht und herumkläfft, weil sehen konnte ich nichts mehr, es war zu dunkel. Miriam sammelt abgestreifte Wolle ein, ich hör sie singen. Und da sitze ich beim Feuer und mümmle an meinem Fladenbrot.

Hirte 1:
Und dann?

Hirte 2:

Nix. Der Rolfi kläfft etwas näher, die Schafe blöken etwas hysterischer. Drüben am Horizont sieht man die Stadt wie einen hellen Streifen. Die Römer feiern nämlich gerade.

Hirte 1:
Weiß ich. Sie haben mir drei Lämmer abgekauft.

Hirte 2:

Die feiern ihre Saturnalien. Jedes Jahr zur Wintersonnenwende dasselbe Spektakel. Meine Kusine hat mir erzählt, wie's da zugeht in der Stadt. Sie war einmal drüben in Bethlehem Wolle verkaufen. Direkt grausig. Alle besoffen. Alles vollgekotzt.

Hirte 1:

Und was war dann? Spann mich nicht auf die Folter. Du machst es absichtlich so spannend, oder?

Hirte 2:

Nix. Dann hat der Rolfi das Schaf hergetrieben. Weißt du, da war so ein feines Lüftlein, direkt angenehm. Also, dann kaue ich so auf meinem Fladenbrot herum und schau mir den Sternenhimmel an. Es war grad so, als könnte man nach den Sternen greifen, als könnte man sie einzeln herunterpflücken und zu einem Strauß binden. Ja, grad so.

Hirte 1:

Ja ja, der Himmel ist ja immer noch so. Das ist ja erst zwei oder drei Stunden her. Sterne pflücken, na sowas. Und, sag endlich wie das war mit dem Engel!

Hirte 2:

Langsam langsam, ich komme schon noch dazu. Da war also dieses laue Lüftlein, und da waren die Schafe, die jetzt meine Kusine hütet. Weil allein lassen darf man die nicht! Da gibt es Schakale… Und wie ich so dasitze und an meinem Brot kaue, ein bisschen zu viel Kümmel, das steht fest – da…

Hirte 1:
Ja? Was da?

Hirte 2:

Da wird das Lüftlein stärker und stärker. Die Schafe kommen näher ans Feuer und blöken ängstlich, dem Rolfi sträubt sich das Fell. Da ist was! Aha, denk ich mir da, die Schakale, und greife nach meinem Stock. Miriam, rufe ich da, die Kusine ist irgendwo draußen und sammelt abgestreifte Wolle ein, Miriam! Und dann kommt's!

Hirte 1:
Was? Was?

Hirte 2:
Da war was mit den Sternen! Einer der Sterne setzt sich ab, wird größer und größer, ist bald so groß wie ein Vollmond und dann strahlt die ganze Gegend, als sei es helllichter Tag.

Hirte 1:
Ich hab's von weitem gesehen! Ich hab gedacht, die Römer hätten einen riesen Holzhaufen angeschürt.

Hirte 2:
Dieses Licht hat ständig seine Form verändert, einmal war es mehr wie ein Schaf, dann wie ein Hund, schließlich bekam es die Form eines Menschen, so ungefähr.

Hirte 1:
Und?

Hirte 2:
Ich nix wie weg! Miriam ist daher gerannt und wir beide sind zum Hügel gelaufen, die Schafe und Rolfi hinterher. Und da ist plötzlich aus diesem Licht ein Laut gekommen, tief und langgezogen wie eine römische Trompete. „Habt keine Angst", hat eine mächtige Stimme gesagt, oder waren es mehrere? Es war wie ein Chor von Männer- und Frauenstimmen zugleich. „Ich verkünde euch eine große Freude, die bald allen Menschen zuteilwird. Jesus ist geboren, Christus, der Herr! Und dieses Zeichen sollt ihr haben: Ihr findet ein Kind in einem Stall, das in einer Krippe liegt und in Windeln gewickelt ist. Sagt das allen, die ihr antrefft!" Und dann

wurde das Licht blasser und blasser, die Stimme verhallte wie ein
Donner, der abklingt. Und dann war alles vorbei. Hatte ich
geträumt? Ein unglaubliches Erlebnis!

Hirte 1:
Und was dann? Wahnsinn.

Hirte 2:
Plötzlich hat man ein feines Singen gehört und leise Musik, die
ganz bestimmt vom Himmel gekommen ist. Ich bin noch fix und
fertig. Gib mir einen Schluck Wasser. Fix und fertig. Und jetzt ist
alles wieder normal.

Hirte 1:
Und? Was stehen wir da herum. Wir sollen doch diesen Stall mit
dem Kind suchen. Ich glaub's nicht. Wart, ich sperre meine Schafe
ein, dann ziehen wir los!

Hirte 2:
Glaubst du nicht, wir sollten etwas mitnehmen? Ich hab ein Fell
dabei. Dieses Kind hat nämlich bestimmt zu kalt, hab ich mir
gedacht. Und Miriam hat mir einen Sack Wolle mitgegeben.

Hirte 1:
Hast Recht. Ich hol a Kanne Milch. Wahnsinn, ich glaub's net. Na,
ich glaub's net. Wahnsinn (Stimme verebbt).

3. Bild
Volkszählung

Personen:
Soldat 1 = Römer; Soldat 2 = germanischer Söldner
3 Hirten
ein weiterer Soldat

Requisiten:
Sternenhimmel; im Hintergrund die Stadt Bethlehem. Die Soldaten
sind ausgerüstet wie römische Legionäre halt ausgerüstet sind

Soldat 1:
Ich hätte mich nie und nimmer auf diese elendigliche Würfelei
einlassen sollen. CACATUS. MERDA.

Soldat 2:
Wen's derwischt, den derwischt's. ITA EST.

Soldat 1:
ERRATICUS! Das heißt Penner, blöder. Wo du doch kein
ordentliches Latein verstehst! Wen's derwischt, den derwischt's!
Das ist doch eine total bescheuerte Einstellung! Unrömisch ist das!
Wir sind die Macher, wir Römer, keine blöden jüdischen Schafe,
die's derwischt! Die Würfel sind schuld, sag ich! Basta. Schlampige
jüdische Produktion!

Soldat 2:
Gut, gut, wenn du meinen tust. Aber: ALEA JACTA SUNT. Die
Würfel sind nun einmal gefallen, und wir müssen Wache schieben.

Da hast du's. Ich kein Latein verstehen. So eine Sinnlosigkeit tut
das sein! Ohne Lateinkenntnisse kriegst du im gesamten
Römischen Reich keinen Job nicht. So tut das sein.

Soldat 1:
MERDA. Und die Kollegen hängen in den TABERNAE drüben in
Bethlehem ab.

Soldat 2:
Wo heute Freibier es gibt wegen Saturnalien. Saturnalien ihr feiern
tut ja in diesen Tagen.

Soldat 1:
Ach du mit deinem Freibier! Typisch germanischer Söldner! Ein
SEXTARIUS Wein oder zwei. Und dann noch einen Schoppen –
das ist das Soldatenleben, wie ich es mir vorgestellt habe. Und nun
landen wir hier am CULLUS MUNDI, am Arsch der Welt, und
dürfen fürs Imperium Wache schieben!

Soldat 2:
Anders tut es nicht sein. Fenrir soll fressen diese Juden alle!
(sie gehen auf und ab)

Soldat 1:
Herodes hat zwei weitere Kohorten her beordert. Wir haben
langsam Belagerungszustand.

Soldat 2:
Das braucht es auch. Zugehen es tut!

Soldat 1:
Wieso? Wie soll sich unsereiner denn bei den Saturnalien
aufführen? Da lassen wir die Sau heraus! Das ist Tradition!

Soldat 2:
Aber, dass dieser Syrer, der Cyrenius, der Präfekt von Syrien, die
Volkszählung gerade jetzt abhalten lässt, das tut schon daneben
sein! Jetzt, wo es keinen nüchternen Römer gibt landhinauf
landherab.

Soldat 1:
Außer uns zwei. MERDA.

(Pause)

Soldat 2:
He Marcus.

Soldat 1:
Was.

Soldat 2:
Sag du mir, kannst du schreiben?

Soldat 1:
Hängt davon ab.

Soldat 2:
Wie, hängt davon ab Ich dachte, man kann entweder schreiben
und lesen oder man kann es nicht.

Soldat 1:
Blödsinn. Zum Beispiel eine Rechnung in der TABERNA kann ich
grundsätzlich nicht lesen. Wenn mir der Zahlmeister den Sold
ausbezahlt, kann ich's.

Soldat 2:
Ich tu meinen, weil da ja alle Juden aufgeschrieben werden, hört
man.

Soldat 1:
Na und? Macht ihr Germanen das nicht? Das ist wegen der Steuern. Damit dem Kaiser keiner auskommt. Deshalb wird alle gewisse Zeit jeder Steuerpflichtige, also jeder, erfasst. Ein jeder muss dorthin, wo er geboren ist. Und dann muss er sich einschreiben lassen und seinen Beruf angeben.

Soldat 2:
Ganz schön pingelig ihr seid, ihr Römer. Das muss ich sagen.

Soldat 1:
Red nicht so daher, wenn du nichts verstehst! Wer zahlt dir dann deinen Sold, wenn keiner Steuern zahlt, ha?!

Soldat 2:
Das ein Argument tut sein! Weil wir ständig Krieg führen, brauchen wir Soldaten. Und weil wir Soldaten brauchen, brauchen wir Steuern. Und weil wir Steuern brauchen, brauchen wir unterworfene Völker. Und weil wir unterworfene Völker haben, brauchen wir Soldaten. Und weil –

Soldat 1:
Tuat's?

Soldat 2:
Ich nur meinen tu.

Soldat 1:
Das ist die Langeweile. Weil nie was los ist hier. Die Pharisäer schlafen, die Sadduzäer schlafen, die Leviten schlafen, die Zeloten schlafen, die Essener sowieso. Und was machen wir? Wir schieben sinnlos Wache. Wie die Nachtwächter schieben wir sinnlos Wache.

(Pause)

Soldat 2:
He Marcus.

Soldat 1:
Was.

Soldat 2:
Tust du auch was hören?

Soldat 1:
Stimmt. Da knackt doch was.

Soldat 2:
Komm, gehen wir ein paar Israeliten hopp nehmen! Endlich ACTIO,
wie ihr sagen tut. Wir Germanen tun sagen: ÄCKTSCHN.

Soldat 1:
Hopps nehmen, auch wenn sie nichts verbrochen haben?

Soldat 2:
Was, nichts verbrochen! Das tu ich kleinlich finden! Seid ihr Römer
alle so? Sie sind Juden, oder? Tut das nicht reichen?

Soldat 1:
Auch wahr.

Soldat 2:
Schau, da sind drei Hirten um ein Lagerfeuer. Wetten, dass die
eine Revolution planen tun? Drei jüdische Hirten um ein
nächtliches Lagerfeuer während der Saturnalien, wo jeder
anständige römische Bürger saufen tut! Ich würde die
vorsichtshalber einknasten tun. Schon wegen der Hetz!

Soldat 1:
Still. Sei still!

Soldat 2:
Was ist? Wo? Wohin?

Soldat 1:
Wir belauschen die. Wer weiß, was sie vorhaben. Man weiß ja nie.
Und wenn wir dem Centurio berichten, was wir gehört haben,
kriegen wir womöglich freien Ausgang.

Soldat 2:
Und Freibier. Bei Loki!

(sie schleichen sich näher und belauschen die Hirten)

Hirte 1:
Ich sag nur, was ich gehört habe. Drüben auf der anderen Seite,
hinter Bethlehem bei den Hügeln.

Hirte 2:
Wenn das wahr ist, fresse ich meinen eigenen Schafskäse! Ich
glaub's erst, wenn ich's mit eigenen Augen gesehen habe.

Hirte 3:
Wer weiß? Nachschauen ist besser. Sonst sind wir wieder die
Letzen, die's erfahren.

Hirte 1:
Kommt, auf geht's. Der Sternenhimmel ist heute ja klar genug!
(löschen das Lagerfeuer und gehen weg)

Soldat 1:
Na, was sag ich?

Soldat 2:
Und jetzt sind sie weg! Bei der Dunkelheit tun wir das Gesindel nie
wieder zu Gesicht kriegen!

Soldat 3 (kommt daher marschiert):
Ablöse. Ihr dürft einen heben gehen. Anweisung vom Centurio.
Los, zieht schon ab.

Soldat 1:
Das gibt's nicht!

Soldat 2:
Und, wo das beste Bier es geben tut?

Soldat 1:
AVE. Wir sind dann mal weg.

Soldat 3:
Haut ab. *(setzt sich mürrisch auf den Boden)*
Ich hätte mich nie und nimmer auf diese Würfelei einlassen sollen.
CACATUS. MERDA.

4. Bild

Herodes Antipas, fast ein König

Personen:
Herodes
Diener 1
Diener 2
Diener 3

Requisiten:
Akteure in entsprechender Verkleidung; eine Säule

Herodes (ärgerlich vor sich hinmurmelnd):
König der Juden. König der Juden. Wen ich das schon höre! Mein
Vater war König der Juden, und ich warte immer noch auf den
Titel, den mir Augustus einfach nicht bestätigen will. Dann kommt
so ein Jude daher, und sagt, er sei der König der Juden. Sauber.

Diener 1:
Ihr habt ja so Recht, Herr! Ein Kameltreiber soll König der Juden
sein. Das ist doch zum Wiehern!

Herodes:
Was hat der Astrologe gesagt? Ein Kind sucht er?

Diener 1:
Genau, mein Herr. Ein Judenkind. Und dieses Kind soll einmal
König in Galiläa werden. Der Sohn eines Kameltreibers und Enkel
eines Schafhirten! König in Judäa. Dass ich nicht lache!

Herodes:
Sei ruhig, du! Wenn hier einer lacht, dann ich! Geh und schau, wo
diese Orientalen untergekommen sind. Ich will wissen, wo sie sich
herumtreiben. Überwacht jeden Schritt. Jeden, ist das klar?

Diener 1:
Jawohl, Herr. Jeden Schritt. Einen nach dem anderen und das mal
drei. Jawohl. *(geht ab)*

Herodes *(für sich):*
Da habe ich mir meine Herrschaft aufgebaut. Kaum ist mein Vater
tot, trauen sie sich aus den Löchern, diese Schakale! Das ist nicht
einmal vier Jahre her. Den Tempel in Jerusalem hat er ihnen vor
nicht einmal 10 Jahren bauen lassen, diesem undankbaren
Gesindel, und den Hafen und CAESAREA MARITIMA. Tausende
dieser Judentölpel haben Arbeit bekommen an den Baustellen, und
nun das! Was wäre aus den Olympischen Spielen geworden, wenn

sie mein Vater nicht mit einer gewaltigen Geldsumme gesponsert hätte! Und die Steuern hat er gesenkt.

Diener 2:
Wenn Ihr erlaubt, mein Herr: Das war Euer Vater. Die Juden haben diesen Plan mit dem Messias erst jetzt entwickelt.

Herodes:
Schweig, du unwürdiger Enkel eines verlausten Wüstenkamels! Dieses Märchen von einem Messias haben die Juden schon seit Jahrhunderten in ihrer Lade. Und immer, wenn ihnen etwas nicht passt, ziehen sie es heraus und machen Rabatz.

Diener 3:
Darf ich etwas dazu sagen, Herr?

Herodes:
Was? Klar doch. Jeder weiß, dass ich ein volksnaher Herrscher bin und mir jede Meinung anhöre. Was willst du sagen?

Diener 3:
Herr, vielleicht nehmen euch diese Pharisäer auch nur übel, dass Ihr in Rom erzogen worden seid und kein lupenreines Hebräisch sprecht?

Herodes:
Na und? Soll das nun plötzlich eine Schande sein, wenn einer dafür einwandfreies Latein beherrscht?? Und wer sollte mich denn verpflichten können, eine barbarische Untermenschensprache zu sprechen?? Ha?? Der König bin immer noch ich, und ich bestimme über Hab und Gut, über Sein und Nicht-Sein und über alle Geräusche, die aus jedermanns Mund und sonst wo heraus kommen in meinem Reich.

Diener 3:
Das ist auch bewundernswert, Herr. Euer Latein ist – direkt
klassisch! Aber wie gesagt, Hebräisch und Aramäisch wäre halt
nützlich, um euer Volk zu verstehen.

Herodes:
Was hat das mit der Sprache zu tun? Das ist nun einmal eine
Herrschaft von der Römer Gnaden. Man muss sich anpassen. Die
Statue, die ich dem Augustus vor dem Tempel in Jerusalem
aufstellen habe lassen, ist gut angekommen. Auch der römische
Adler –

Diener 1:
Bei den Römern, Herr, wenn ich das sagen darf. Bei den Römern.
Die Pharisäer und die Sadduzäer haben getobt.

Diener 3:
Und toben noch immer!

Herodes:
Die Sadduzäer, sagst du? Blödsinn. Die leben vom Tempel und
kassieren von jedem geschlachteten Opfertier einen fetten Obulus!
Aber die Statue. Ich finde, die ist künstlerisch voll gelungen. Echt.
Ein beeindruckendes Standbild von über drei Metern Größe! Und
der Adler erst! Erstklassige Arbeit!

Diener 3:
Eben, Herr.

Herodes:
Den Künstler werde ich engagieren, um hier in SEPPHORIS ein
paar Statuen aufzustellen. Eine von mir, eine von Jupiter, eine
dritte von Augustus…

Diener 1:
Herr, wenn ich Euch an die Sache mit dem jüdischen Messias
erinnern darf: Wie gedenkt Ihr vorzugehen?

Herodes:
Ein Kind soll das sein. Das ist doch keine große Sache. (*überlegt,
murmelt*) Ein Kind. So was lässt man einfach verschwinden! Aus.
Wir löschen es aus den Geburtsakten und Steuerrollen. So ein
Kind wird doch wohl kein Problem darstellen!

Diener 1:
Herr?

Herodes (unwirsch):
Was?!

Diener 1:
Dieses Kind. Man muss es erst einmal finden. Nicht?

Herodes:
Da ist was dran. (*befehlend*) Veranlasst das. Treibt diesen
Judenbengel auf und schafft ihn mir vom Leib! Definitiv! Damit ist
die Sache erledigt!

Diener 3:
Und die Astrologen, Herr?

Herodes:
Astrologen? Was für Astrologen denn?

Diener 3:
Von denen der eine vorhin hier war, Herr. Die Orientalen.

Herodes:
Ach die? Ja die –

Diener 1:
Darf ich etwas sagen, Herr?

Herodes:
Ich befehle dir: Sprich!

Diener 1:
Ist euch dieser eine da, der euch um Audienz gebeten hat,
eigentlich ganz normal vorgekommen?

Herodes:
Warum? Was meinst du?

Diener 1:
Ich weiß nicht, Herr. Er läuft einem Stern hinterher. Ich würde ihn
nicht für voll nehmen.

Diener 3:
Genau, Herr.

Herodes (überlegt):
Behaltet mir diese Astrologen im Auge. Ich weiß nicht. Ich habe so
ein komisches Gefühl.

Diener 1:
Herr, es ist nicht leicht, ein ganz spezielles Judenkind zu finden.
Die schauen doch alle gleich aus.

Herodes:
Ja eben.

Diener 3:
Dürfte ich etwas vorschlagen, Herr?

Herodes:
Heraus damit.

Diener 3:
Wenn Ihr zur Vorsicht, ich meine, nur für alle Fälle, man weiß ja
nie, wenn Ihr alle Judenbuben unter, sagen wir, zwei Jahren,
kurzerhand eliminiert? Dann wird der Richtige wohl zwangsläufig
darunter sein. Ich meine nur, theoretisch.

Herodes (überlegt):
Alle Kinder unter zwei Jahren ausradieren. Wie du nur auf die Idee
kommst. Und hintennach stehe ich in der Geschichte vor aller Welt
als Kindermörder da. (*murmelt*) Wie man nur auf so eine Idee
kommen kann. Aber, andererseits…

5.Bild

Ochs und Esel

<u>*Personen:*</u>
Ochs
Esel

*Ohne Sprechtext: Kind in der Krippe, Maria, Josef, Judith und Anna
im Hintergrund*

<u>*Requisiten:*</u>
*Der Stall aus Weidenruten, die Krippe, Heu in der Krippe und ein
Bündel liegt auf dem Boden vor der Krippe*

Esel:
He Ochs.

Ochs:
Muuu.

Esel:
Tu nicht so. Ich weiß genau, dass du sprechen kannst. Alle Tiere
können an Heiligabend sprechen. Du bist ein Tier. Also –

Ochs:
Was ist? Gibst sonst eh keine Ruh. Muuuu.

Esel:
Etwas klein unsere Rationen heute Abend, nicht?

Ochs:
Kein Problem. Ich fresse meins und deins dazu. Muuu.
Esel:
Das ist nicht fair! Nur weil ich ein schwaches, wehrloses Tier bin,
glaubst du, du kannst dir alles erlauben!

Ochs:
Ich bin immerhin ich, und du bist nur du. Muuu.

Esel:
Hör doch mit diesem nervtötenden Muuuu auf! Angesichts der
prekären Ernährungslage müssen wir zusammenhalten, wir
Einhufer und Paarhufer! Dieser kleine neugeborene Zehenhufer
frisst uns ja das ganze Futter weg.

Ochs:
Komm herunter von den Touren und schau dich einmal um. Dieser
kleine Zehenhufer frisst kein Heu. Er liegt auf unserem Abendessen und pinkelt hinein. Das ist das Problem, und darum bin ich

gezwungen, mich an deiner Ration zu vergreifen. Aus purer
Notwehr!

Esel:
Wart nur! Wenn ich eingehe, wird es langweilig für dich!

Ochs:
Geht schon. Ich mag's, wenn es ruhig ist. Aber sag mal: Bis heute
Abend war es ganz friedlich in unserem Stall. Die Fledermäuse, ok,
und die Eule. Ab und zu ein paar blökende Schafe. Aber im
Großen und Ganzen war es immer ruhig hier.

Esel:
Na ja, das nächtliche Wiederkauen störte ein bisschen…

Ochs:
Und dann, wie aus dem Nichts, als ob ich nicht schon Stress genug
hätte, waren sie plötzlich da.

Esel:
Ich finde, der Mann ist ganz nett. Er hat mich immerhin gekrault.
Und Grauchen hat er zu mir gesagt. Das finde ich süß.

Ochs:
Die Frau hat mich mit einer Kuh verwechselt. Milch braucht sie, hat
sie gesagt und hat an mir herumgemacht.

Esel:
Hihihi.

Ochs:
Das war fies.

Esel:
Und jetzt stehen wir da, mit unserer –

Ochs:
meiner –

Esel:
- Ration. Wenn ich nur näher an die Krippe käme. Dann würde ich dem Menschenskind an die Heumatratze gehen.

Ochs:
Wenn du nahe genug heran kommst, wird geteilt! Ich bin ein Mastochs und brauche entsprechende Futtermengen. Und du, du bist bloß ein Esel. Uns Esel leben von Disteln und Dornen, wie jeder weiß.

Esel:
Das Kind, irgendwie tut es mir Leid! Es ist zwar kein Eseljunges, aber immerhin ein Neugeborenes. Da werde ich schwach! Wir Esel haben ein sensibles Gemüt und lieben alle Kreaturen, ob menschlich oder tierisch. Da machen wir keinen Unterschied.

Ochs:
Und, kommst du ans Futter?

Esel:
Keine Chance. Aber vielleicht, wenn du mir den Strick durch-knabberst?

Ochs:
Ah so. Du glaubst also auch, dass wir Ochsen schwer von Begriff sind. Den Strick durchknabbern! Damit du gemütlich ans Eingemachte kommst, und ich hänge da und falle vom Fleisch. Nein nein, daraus wird nix!

Esel:
Aber irgendwie müssen wir an die Krippe!

Ochs:
Dann knabbere doch du mir den Strick durch! Dann geh ich hin und
fresse für uns beide.

Esel:
Ein Vorschlag, quasi ein Kompromiss: Wir knabbern uns beide
gegenseitig den Strick durch, gleichzeitig, wohlgemerkt, und
machen uns anschließend gemeinsam übers Futter her.
Ausgemacht? Und wir halten uns an die Spielregel, gut?

Ochs:
Meinetwegen. Ich halt's nämlich nicht mehr aus. Die Diät macht
mich fertig.

Esel:
Also, los!

(sie mümmeln beide gegenseitig an ihren Stricken)

Ochs:
Dann mal schön langsam. Und aufgepasst! Der Mann hat sicher
etwas dagegen. Der schaut mir nicht gerade gemütlich aus mit
seinem Stock und dem offenen Feuer in der Hand.

Esel:
Er läuft auf und ab. Ich glaube, er hat Stress. Das Junge schaut er
überhaupt nicht an.

(nähert sich der Krippe und zupft zögerlich an einem Halm):

Also, süß ist das Junge schon.

Ochs:
Irgendwie schon. Na ja, für einen Menschen. Ein Öchslein wäre
süßer.

Esel:

Also, was meinst du, sollen wir? Der Mann schaut grad weg, und die Frau, die schläft. Ums Kind kümmert sich keiner.

Ochs:

Ich weiß nicht…

Esel:

Dann warten wir noch ein bisschen?

Ochs:

Was sagst du, ob das Junge friert?

Esel:

Ich glaub schon. Ein Eselchen dieses Alters würde schon frieren. Es zittert über und über. Und der Mann merkt das nicht einmal. Er denkt wohl an die Frau. Der hat er seinen Mantel übergeworfen.

Ochs:

Weil diese Primaten so ein dünnes Fell haben.

Esel:

Ich glaube, ich stelle das einmal ein bisschen zurück, das mit meiner Ration aus der Krippe. Da kriegt man ja direkt ein ungutes Gefühl. Man frisst dem Kleinen die Unterlage weg. Da hab ich eine gewisse Hemmung.

Ochs:

Genau.

Esel:

Hast du gesehen? Jetzt hat's nach deinem Fell gegrabscht!

Ochs:

Na ja. Mein Fell ist ja auch echt wuschelig.

Esel:
Für eine Ochs –. Da, da, es fasst dir tatsächlich ins Fell und steckt sein Gesicht hinein! Süß.

Ochs:
Gell?

Esel:
Ich glaub, es mag es gern, wenn du es anschnaubst!

Ochs:
Ich werde das nette Kerlchen mit meinem Atem ein bisschen aufwärmen. Zu zweit bringt's noch mehr. Also, schnauben wir zu zweit?

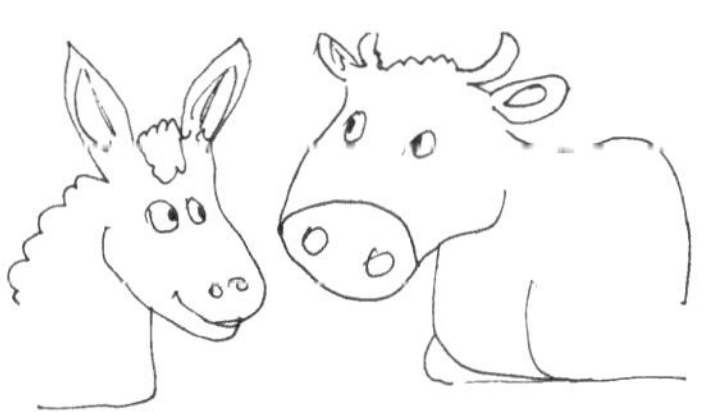

5. Bild

Szene im Stall

Personen:
Maria, Judith, Anna aus Bethlehem, Maria, Josef, Jesuskind

Requisiten:
Aus Weidenruten o.Ä. geformter höhlenartiger Stall

Anna:
Halt mal das Kind, Judith. Ich möchte das Stroh richten. Das grobe Zeug piekt, das merkt man ja. Ob ich noch etwas Heu darunter tu? Dann wird's weicher.

Judith:
Schon blöd, dass wir kein anständiges Bettchen hier haben.

Anna:
Ein Bettchen? Ein Kinderbettchen in einem Stall? Also, ich weiß nicht –

Judith:
Ich mein doch nur. Fein wär's schon für das Kind. So haben wir halt nur dieses Heutuch da und ein bisschen Heu und Stroh.

Anna:
Ich finde, die Krippe eignet sich nicht schlecht. Wozu brauchen der Ochs und der Esel auch schon eine Krippe. Das Heu können wir ihnen ja auch vors Maul kippen.

Judith:
Da sieht man, dass du eine Stadtlerin bist! In Bethlehem drüben ist
das logisch ganz was anderes, nicht? A netts Bettstattl mit
Matratze und Bettzeug aus ägyptischer Baumwolle und so…

Anna:
Geh, auch bei uns in der Stadt gibt's Arme. Vor allem, seit die
Römer da sind und diese Wirtschaftskrise ausgelöst haben mit
ihrem Steuerdruck. Alles ist teurer geworden, auf alles erheben sie
Umsatz- und Mehrwertsteuer, ganz zu schweigen von der
Kopfsteuer. Es gibt halt keine Krippen bei uns. So was seh ich zum
ersten Mal.

Judith:
Holst du mir ein Büschel Heu? Nimm's dem Esel weg, der hat eh
mehr als genug. Und ein Esel braucht nicht viel. Der kann morgen
draußen Disteln knabbern.

Anna:
Muss <u>dein</u> Esel nicht auch gefüttert werden? Immerhin muss er uns
beide nach Bethlehem zurück bringen.

Judith:
Logisch. Dem habe ich schon seine Mahlzeit serviert. Hab grad
nachgeschaut, er liegt gemütlich vor der Stalltür und macht ein
Nickerchen. Die Sterne draußen! Das glaubst du nicht! (*legt das
Kind in die Krippe*).

Maria:
Danke euch Beiden für eure Hilfe! Was hätte ich denn nur gemacht
ohne euch!

Anna:
Nur gut, dass dem Josef eingefallen ist, uns zu holen! Dass er sich
daran erinnert hat, dass er Verwandte hat in der Stadt. Er ist ja
immer so in den Wolken.

Judith:
Und, wo ist er denn überhaupt, der Josef? Ich habe ihn schon eine
Weile nicht mehr gesehen.

Anna:
Stimmt!

Maria:
Ich habe ihn hinausgeschickt. Er hat das nicht recht derpackt mit
der Geburt. Schlecht ist ihm geworden. Er kann kein Blut sehen.
Und das Gefühl, nichts tun zu können, macht ihn fertig, hat er
gesagt.

Judith:
Eigentlich stehen einem die Männer, wenn's um diese Dinge geht,
eh nur im Weg. Ich hab meinen auch weggeschickt, wie's so weit
war.

Maria:
Aber ein guter Mann ist er. Ein bisschen verträumt, das schon.

Anna:
Obwohl er so einen schweren Beruf hat!

Maria:
Das ist wahr.

Anna:
Maria, wie geht es dir überhaupt? Liegst du einigermaßen
bequem? Ist dir kalt?

Maria:
Nein nein, es geht schon. Es ist so fein, wenn ich mit euch
ratschen kann. Das lenkt mich ab. (*schaut zum Kind*) Ich bin ja so
erleichtert, dass alles gut gegangen ist und dass mein Kind wohlauf
ist!

Judith:
Da, nimm einen Schluck von meinem Heutee.

Maria:
Wegen dem Josef: Er hat ja Arbeit gefunden drüben in
SEPPHORIS. Seitdem geht es uns ganz anständig. Und in
CAESAREA haben sie ihm auch schon zugesagt. Wir haben zu
leben und kommen durch. Das Kleine wird es auch noch tragen.

Judith:
CAESAREA?

Anna:
Hast du das nicht gehört? Du weißt doch sonst alles. In
CAESAREA wird hektisch gebaut. Alles voller Baustellen!

Judith:
CAESAREA: Was für ein komischer Name. Also, Aramäisch ist das
nicht. Auch net Hebräisch.

Maria:
Dem Josef hat einer gesagt, das ist wegen dem Kaiser.
CAESAREA, die Stadt wird nach dem Kaiser benannt. Caesar –
CAESAREA.

Judith:
Ich dachte, der Kaiser heißt Augustus? Versteh ich nicht.

Maria:
Ihr kennt den Josef ja. Sicher, er ist Bauarbeiter und Zimmermann,
aber und man möchte glauben, das ist einer, der sich nur ums
Grobe kümmert. Das ist aber nicht so. Er ist neugieriger als ein
ganzer Harem. Wie ist das? Und warum? Immer diese Fragen.

Anna:
Also, ich finde das ganz sympathisch.

Maria:
Da hat er einmal nach der Arbeit einem Aufseher extra einen Krug Wein spendiert, um ihn zu löchern. Herodes will den Kaiser in Rom beeindrucken und deshalb heißt die Stadt so.

Judith:
Müsste sie dann nicht Augusta heißen oder so?

Maria:
Hab ich auch gedacht. Freudestrahlend ist er an diesem Abend heimgekommen, der Josef, und hat mir und meiner Schwester einen Vortrag gehalten. „CAESAREA", hat er gesagt –

Josef (kommt in den Stall):
Hab ich meinen Namen gehört? Hast du mich gerufen, Maria? Die Sterne draußen, eine Wucht!

Maria:
Du wolltest mich fragen, wie es mir geht? (*lacht*). Wir ratschen. Und deshalb geht es mir gut. Und unserem Kind geht's auch gut.

Josef:
Genau, das Kind (*geht hin und schaut nachdenklich in die Krippe*)

Judith: (schelmisch)
Die Maria hat gesagt, du derpackst die Geburt nicht.

Josef:
Und wenn's stimmt?

Anna:
Komm, Josef, keiner will dich schlecht machen! Schön, dass du wieder da bist! Der Maria tut's gut, wenn wir uns unterhalten. Und sie wollte gerade erzählen, wie es in CAESAREA so ist. Aber jetzt kannst du das doch tun.

Josef:
Wie ihr jetzt auf CAESAREA kommt! Ich bin froh, dass ich einmal
ein paar Tage weg bin von der Baustelle. Da können sich meine
Hände erholen. Hab direkt Angst, den kleinen Jeschua anzufassen
mit meinen rissigen Händen! (*geht hin und schaut liebevoll in die
Krippe*)

Maria:
Süßes Kleines, gell!

Judith:
Komm, erzähl. Keiner von uns war doch jemals in CAESAREA.
Einmal war ich am See unten, in KFAR NAHUM, in Kafarnaum, ihr
wisst ja. Da ist was los.

Anna:
Bethlehem ist cooler. Aber lass den Josef doch einmal erzählen.

Josef:
CAESAREA, ja, was soll man da sagen. Eine riesen Baustelle ist
das. Diese Aus- und Umbauerei hört nicht auf, obwohl die Stadt ja
schon längst voller Menschen ist und aus allen Nähten platzt. Na,
mir soll's recht sein, dann hab ich meine Arbeit. Alles Häuser aus
Stein! Kein Holz nicht, woher das auch nehmen? Die Zedern sind
schon längst abgeholzt.

Anna:
Und was tut denn da ein Zimmermann wie du, wenn's kein Holz
gibt?

Josef:
Das ist auch so ein Missverständnis. Ich bin Bauhandwerker, auch
wenn sich bis in die Zukunft hinein das Gerücht hält, sich sei
Zimmermann. Das ist ein biblischer Übersetzungsfehler!

Judith:
Also, gescheit ist er, der Josef!

Josef:
Also CAESAREA. Der Name kommt von CAESAR, was Kaiser
bedeutet. Das hat mir einer erklärt. Und unser Kaiser, der
Oktavian, trägt diesen Titel im Andenken an seinen Adoptivvater
Gaius Julius Caesar.

Anna:
Ah so, deshalb.

Josef:
Ja eben, und dem Herodes sein Vater wollte dem Oktavian damit
schmeicheln.

Judith:
Sag's doch, schleimen wollte er, damit die Römer sein Königreich
in Ruhe lassen!

Anna:
Das weiß doch jeder, dass dem Herodes Antipas seine Herrschaft
von der Gnade der Römer abhängt.

Josef:
Und dass er kein König mehr ist wie sein Vater, Herodes der
Große, ärgert ihn furchtbar!

Anna:
Herodes der Große, hat der nicht zehn Frauen gehabt?

Josef:
Antipas, der ist von seiner vierten. Aber lassen wir das. Wenn in
CAESAREA keine Arbeit mehr ist, gehen wir nach TIBERIAS an
den See. Dort wird in Zukunft eine Stadt aufgebaut, aber was für
eine! Arbeit auf Jahrzehnte hinaus! Dann kann unser Jeschua –

Maria:
Für die Römer heißt er Jesus –

Josef:
Für uns Juden heißt du ja auch nicht Maria, sondern Miriam. Und ich bin der Joschua. Die Römer müssen alles und jedes umtaufen! Unsere Namen sind für sie barbarisch. Sie sagen, wir stottern, weil wir kein Latein verstehen. Also, dann kann unser Jeschua nach der Lehre in CAESAREA nach TIBERIAS gehen und dort eine Arbeit annehmen.

Maria:
Langsam, langsam. Warten wir das ab. Da gibt es doch diese Prophezeiung…

(Pause)

Anna (hat inzwischen den Stall verlassen und kommt zurück):
Da kommt wer! Wir bekommen Besuch! Wenn das nur nicht die Römer sind! Amend werden jetzt auch noch die Babys besteuert!

Judith (schaut aus dem Stall):
Nein, Jahwe sei Dank, es sind zwei Hirten! Schalom! Ich kenn euch ja. Seid ihr nicht die Söhne des Josaphat?

Hirte 1:
Ich schon, der ist ein Kollege. Jahwes Gruß zusammen. Sagt, wo ist es denn, das Kind? Nichts für ungut, aber wir interessieren uns vor allem für das Kind!

Hirte 2:
Ach dort liegt es ja! *(murmelt)* Christus, der Herr. Was das wohl bedeuten mag.

Hirte 1:
Auf jeden Fall was Besonderes. Das ist sicher.

Josef:
Kommt, seid willkommen und setzt euch zu uns.

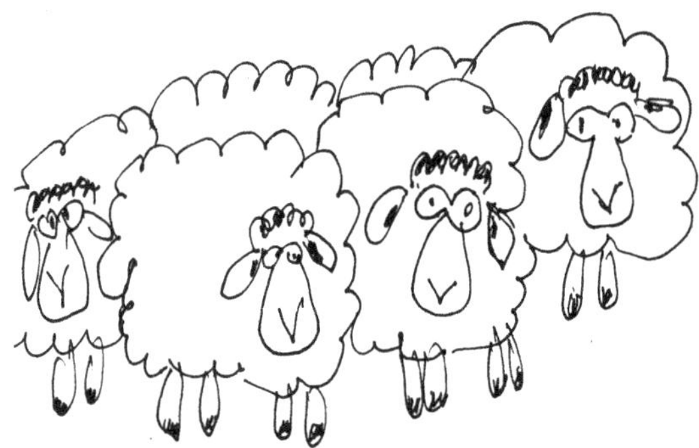

6. Bild
Ausklang

<u>Akteure:</u> Alle

<u>Requisiten:</u>
Stall im Hintergrund, Akteure stellen sich vor der Bühne auf.
Lichtkegel wandert die Reihe der Akteure ab und bleibt auf der
Krippe stehen. Langsames Ausblenden.

Erzähler/in 1:
So, die Hirten haben zum Stall gefunden und finden das Kind, wie
der Engel es angekündigt hat.

Erzähler/in 2:
Und weil Weihnachten ist und sich Weihnachten zum Fest des
Friedens alle vertragen sollen,

Erzähler/in 1:
…aber nicht nur Weihnachten, sondern auch sonst immer!

Erzähler/in 2:
egal zu welchem Volk oder zu welcher Religion sie gehören, laden
wir alle Mitspieler ein, sich an der Krippe zu versammeln!

*(alle Akteure kommen und stellen sich mit der „Stallbesatzung" in
einer Reihe auf)*

Und wünschen allen:

(alle)
Eine fröhliche Weihnacht!

Aufstand im Himmel

oder:

Zeitpakete als Geschenk

ein fröhliches Weihnachtsspiel

in 8 Bildern

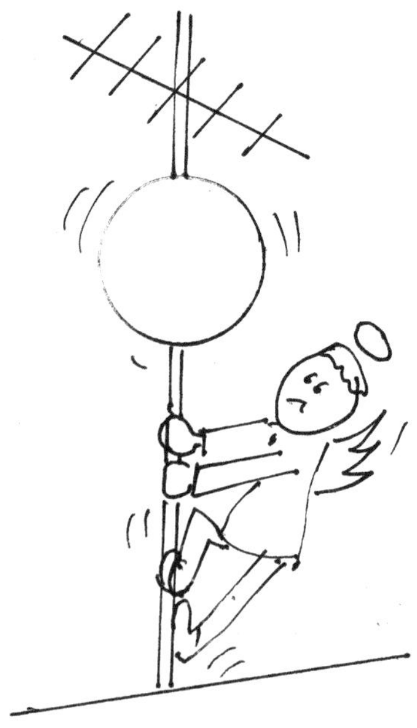

Schauplätze

1. Bild
Eine geschäftige Straße. Menschen mit Geschenken, Weihnachts-
musik.
Angelus Dolomiticus, 3 Passanten, einer davon ein Kind

2. Bild
Wohnzimmer. Vater beim Fernsehen, Tochter, etwa 9, macht die
Schulaufgaben. Mutter ist mit Kekse-Backen beschäftigt und
nervös
Angelus Dolomiticus beobachtet die Familie

3. Bild
Himmel. Engel in Aufruhr. Lautsprecherstimme (Jesus), Ruprecht,
Angelus Liliput, Angelus Everest und weitere 4 Engel

4. Bild
Engel beim Abstieg zur Erde. Schlitten, vollgepackt mit
Geschenken. Mehrere Engel

5. Bild
Wohnzimmer wie im 2. Bild. Alle drei sind anwesend. Vater, Mutter,
Tochter

6. Bild
Wie Bild 5. Spruchband: „23. Dezember". Vater, Mutter, Tochter

7. Bild
Wohnzimmer. Kerzenlicht. Spruchband: „24. Dezember.
Heiligabend". Vater und Mutter

8. Bild
Wohnzimmer. Tannenbaum. Tisch, an dem drei Karten spielen.
Kerzenlicht. Feine Weihnachtsmusik. Ein Sternspritzer.

Rollenbesetzung

Name	Rolle	
	Erzähler links	
	Erzähler rechts	
	Angelus Dolomiticus	
	Passant 1	
	Passant 2	
	Kind und Erzählerin des Prologs und Epilogs	
	junge Frau	
	Mutter	
	Vater	
	Tochter	
	Angelus Everest	
	Angelus Bora	
	Angelus Tsunami	
	Angelus Altostratus	
	Angelus Kumulus	
	Angelus Liliput	
	Ruprecht	
	Souffleuse	
	technischer Dienst; drei Engel	

Kostüme

	Beschreibung
2 Erzähler	einer als Oma verkleidet, ev. mit grauer Perücke mit Dutt. Schal. Pantoffeln, der andere als Opa. Sie sind links und rechts von der Bühne postiert
Dolomiticus	weißes Engelkleid, darüber schwerer Anorak
Engel	weißes Kleid, Flügel
Passanten	Winterkleidung, Mütze, tragen Pakete
Mutter	Kleiderschürze, Tuch auf dem Kopf
Vater	Pantoffeln, Trainingsanzug
Tochter	flippige Kleidung
Ruprecht	Weihnachtsmütze, grobe Kleidung
Technisches Personal	weißes Engelgewand, Stirnband. Oder Overall

Kulissen und Requisiten

	Beschreibung	Requisiten
Prolog	Vorhang geschlossen. Darauf Spruchband oder Projektion: Aufstand im Himmel. Ein heiteres Weihnachtsstück gespielt von …	Spruchband bzw. Projektion

Bild 1	Vorhang rechts offen, links z.T. vorgezogen. Einige Kisten, die einen Kirchturm darstellen. Oder im Hintergrund aus weißem Packpapier ausgeschnittene Umrisse einer Kirche und eines Geschäfts. Aufgebrachte große Schneeflocken. Erzähler knipsen Lampe ein, wenn sie lesen	Kulisse Marktplatz, Notizblock, Schreiber. Erzähler haben einen Sessel, Leselampe, ein großes Buch mit eingelegtem Erzähltext
Bild 2	Linker Vorhang wird aufgezogen, rechter bis zur Mitte geschlossen. Ein Tisch, an dem die Tochter Schulaufgabe macht. Vater im Hintergrund mit einem Fernseher beschäftigt. Mutter mit Teigschüssel und Schneebesen. Dolomiticus mit Notizblock außerhalb der Bühne beim Beobachten.	Tisch, Stuhl, Aufgabenhefte, Fernseher, ein Telefon, Teigschüssel, Schneebesen
Bild 3	Tonbandstimme, Engel gestikulieren ohne Ton	Tonband mit Verstärkung
	Mit weißen Tüchern zugedeckte Tribüne in der rechten Ecke, die den Himmel symbolisiert. Engel darauf verteilt. 2 große schwebende Wolken werden im Hintergrund an 2 herabhängenden Leinen eingehakt. Am Ende Vorhang zu.	Leintücher, Tribüne, 2 ausgeschnittene Wolken. Transparent mit dem Text: Wir protestieren. Projektion mit Erklärung: Manna, Chrisam, Zeitpakete

Bild 4	Die Engel springen mit ausgebreiteten Armen von der Tribüne herunter, hinten wieder hinauf usw.	Wie oben
Bild 5	Wohnzimmer wie oben. Die Wolken werden entfernt. Die Tribüne bleibt, wird aber nicht mehr beleuchtet. Vorhand wird geschlossen.	
Bild 6	2 Schüler/innen gehen mit einem Spruchband langsam über die Bühne bzw. sie entrollen es dort. Dann wird der Vorhang geöffnet	Wohnzimmer wie oben. Spruchband: Am nächsten Tag: 23. Dezember
Bild 7	Das Wohnzimmer ist verdunkelt. Eine Kerze brennt auf dem Tisch. Familie „friert ein"	Wohnzimmer wie oben. Kerze
Bild 8	Jemand stellt einen Tannenbaum in den Raum. 2 Engel huschen in die Raum, sie tragen weiße Pakete mit der Aufschrift: Zeitpaket	Wohnzimmer wie oben. Tannenbaum, 2 Zeltpakete

Musik

1. Bild	Hintergrundmusik. Verfremdete Weihnachtslieder, stark rhythmisiert
3. Bild	Kriegstrommeln. Marseillaise.
3./4. Bild	Übergang zum 4. Bild: Weihnachtsmusik
4. Bild	Leiser Trommelwirbel. Einige eingestreute Weihnachtsliedsequenzen.
4./5. Bild	Übergangsmusik
5./6. Bild	Kurze Übergangsmusik, einige Töne
8. Bild	Feine, romantische Weihnachtsmusik, Hintergrund
Abschluss	Längeres Weihnachtslied

Prolog

<u>Erzähler links</u>

(setzt sich vor dem geschlossenen Vorhang auf einen Sessel in der Mitte vor der Bühne und liest)

Es ist noch gar nicht so lange her, dass die Menschen unten auf der Erde zu vergessen anfingen, was es mit dem Weihnachtsfest eigentlich auf sich hat. Da Petrus und Ruprecht und einige andere der älteren himmlischen Herrschaften einfach nicht glauben wollten, dass dem so ist, schickten wir von der Belegschaft der Weihnachtsengel unseren besten Reporter, Angelus Dolomiticus, durch die löchrige Ozonschicht und durch die Stratosphäre nach unten ins Reich der Sterblichen. Er hatte den Auftrag, eine Untersuchung durchzuführen und uns das Ergebnis zur eventuellen Ergreifung von Maßnahmen unverzüglich zu berichten.

<u>*Vorhang*</u>

1. Bild

(eine belebte Straße, in der Menschen promenieren; Lichter, Weihnachtsmusik)

<u>Angelus Dolomiticus:</u>
(an einen Passanten, der mit einer Aktentasche in der Hand vorüberhastet und dabei ständig auf die Uhr blickt)

Hallo Sie!

<u>Passant 1:</u>
Ja? Meinen Sie mich?

<u>Angelus Dolomiticus:</u>
Ja Sie. Ich möchte Ihnen eine Frage stellen. Haben Sie etwas Zeit?

<u>Passant 1:</u>
Zeit? Na, Sie haben Nerven! Jetzt eine Woche vor Weihnachten! Kennen Sie denn, einmal ehrlich!, einen einzigen Menschen in dieser Stadt, der so kurz vor Weihnachten Zeit für unnützes Gerede hat? Na also! Und halten Sie mich nicht weiter auf!

<u>Erzähler links:</u>
Seht ihr, so ging es dem armen Dolomiticus schon gleich beim ersten Kontakt mit einem Irdischen. Jeder andere, eingeschlossen ich, hätte nach einer solch unfreundlichen Abfuhr unverzüglich den Rückflug durch die Stratosphäre angetreten und hätte das Vorhaben aufgegeben. Nicht so aber unser eiskalter, wettergeprüfter und felsenharter Dolomiticus. Der nicht! Er zuckte nur bedauernd mit den unter einem dicken Wintermantel verborgenen Flügeln und suchte sich, diesmal aber viel vorsichtiger und behutsamer, das nächste Erdenexemplar aus.

<u>Angelus Dolomiticus:</u>
Entschuldigung.

<u>Passant 2:</u>
Ja, was ist? *(schaut prüfend)*. Wohl von der Presse?

<u>Angelus Dolomiticus:</u>
Nun, gewissermaßen. Haben Sie einen Augenblick, nur einen winzig kleinen Augenblick Zeit, um eine Frage zu beantworten? Nein nein, keine Angst! Ich will Ihnen nichts verkaufen! Haben Sie eine Minute?

<u>Passant 2:</u>
Meinetwegen, wenn's schnell geht und ich in die Zeitung komme!

<u>Angelus Dolomiticus:</u>
Also, was ich Sie fragen wollte: Wissen Sie, welchen Sinn das Weihnachtsfest eigentlich hat?

<u>Passant 2:</u>
Weihnachten? Also, wo leben Sie denn! Kommen Sie vom Mond? Das weiß doch jedes Kind! Nun, Weihnachten, Weihnachten -, *(kratzt sich den Kopf)* hat was mit der Nacht zu tun, ja. Und mit Wein. Nicht? Vielleicht weil es draußen kalt ist und man deshalb daheim Glühwein trinkt oder so…

<u>Angelus Dolomiticus:</u>
Ich danke Ihnen für dieses, dieses aufschlussreiche Gespräch!

<u>Erzähler:</u>
Da seht ihr's! Hat der Alte oben recht gehabt *(Donnern und Blitzen von oben)*. Entschuldigung! *(entschuldigende Geste nach oben)*. Aber bevor wir unseren Reporter zurück auf seine Wolke posaunen, soll er ruhig noch einen weiteren Versuch machen. Mit leichten Veränderungen. Also los:

Angelus Dolomiticus:
(an ein vorbeilaufendes Kind):
Du, entschuldige mal. Nur eine Frage, Weißt du, was es mit
Weihnachten auf sich hat? Was ist denn das Wichtige an diesem
Fest?

Kind:
Du stellst Fragen! Die Geschenke logisch. Ich bekomme heuer
neue Schi! Toll! Nur mehr fünf Tage!

Erzähler:
Es ist doch wohl nicht möglich, dass niemand, wirklich niemand in
dieser Stadt daran denkt, dass Weihnachten das Fest der Geburt
des Jesuskindes ist! sagte Angelus Dolomiticus, der Starreporter
des himmlischen Pressedienstes, der in seinem ereignisreichen
Berufsdasein schon mancherlei erlebt hat und einmal sogar in die
Hölle geschickt wurde, um die frisch angekommenen Nachwuchs-
teufel nach ihren Eindrücken in der neuen Umgebung zu inter-
viewen. Das ist doch ganz und gar unmöglich! Und er startete zu
einem neuen Versuch:

Angelus Dolomiticus:
(an eine junge Frau):

Nur einen Augenblick! Ich möchte Sie gewiss nicht lange aufhalten,
nur eine Frage: In fünf Tagen ist ja Weihnachten. Können Sie mir
sagen, welche Bedeutung das Weihnachtsfest hat?

Junge Frau:
Weihnachten? Sagen Sie, ist das ein Quiz? Und gewinnt man was
dabei? Sonst mach ich da nicht mit.

Angelus Dolomiticus*:*
(ratlos)
Vielleicht mache ich was falsch. Obwohl-, bis jetzt hat meine
Methode noch immer hingehauen: Direktes Zugehen auf den
Passanten, Höflichkeit und Entschlossenheit. Na ja, vielleicht

könnte ich - ja, als letzten Versuch gewissermaßen... Gut. Ich habe
bisher immer nur Einzelpersonen befragt. Ich knöpfe mir einmal
eine ganze Familie vor:

<u>Vorhang</u>

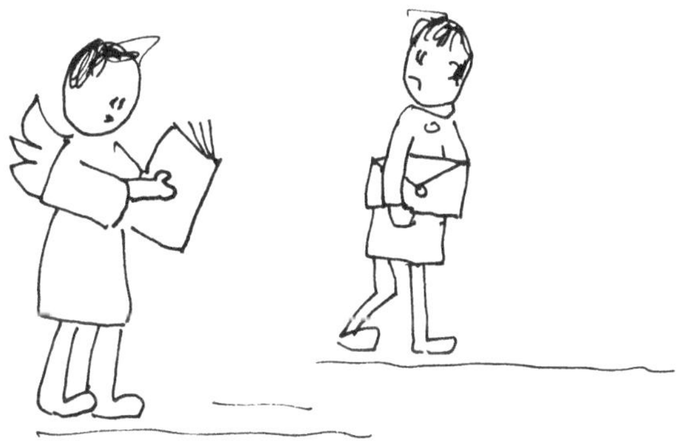

2. Bild

Wohnzimmer, Vater beim Fernsehen, Tochter macht die Schulaufgaben, "schießt" herein und hinaus. Tochter soll beim Kochen helfen. In der Zwischenzeit liest die Mutter die Weihnachtswünsche der Tochter vor:

(Angelus Dolomiticus platziert sich so, dass er die Familie beobachten kann und macht sich Notizen)

<u>Mutter:</u>
(kopfschüttelnd)

Hör mal, was unsere bescheidene Tochter da alles aufgeschrieben hat: „Einen pinkfarbenen Anorak mit passendem Schal, eine PlayStation 4, eine neue Schultasche. Fünf Kinokarten für Cineplexx. Ein Urlaubswochenende in London." Eine endlose Liste! Und nicht einmal verziert ist der Zettel… Wer die nur so erzogen hat!

<u>Vater:</u>
(schenkt ihr keine Beachtung)

Shit! Da kannst du drücken soviel du willst, überall derselbe Mist! Diese Fernsehheinis gehören allesamt -! Herrschaft noch einmal! Nichts als rührseliger Weihnachtsklimbim! Sogar in N24. Hör mal: „Weihnachtsfeier auf der Titanic!" Spinn i. Ich wandere aus!

<u>Mutter:</u>
(an die Zuschauer gerichtet)
Er immer mit dieser Fernseherei! Ich könnte ihm langsam die Programme alle einzeln um die Ohren knallen! Jeden Abend dasselbe! Die Pantoffeln, ein, zwei Bier und die Fernbedienung.

Darin besteht für ihn das ganze Familienglück! So habe ich mir
mein Eheleben nicht vorgestellt!

(zur Tochter, die wieder erschienen ist):

Zurück in die Küche! Ich brauch dich doch zum Teigrühren habe
ich gesagt! Mensch, wieso man immer alles alleine machen muss!
Los los! *(geht in die Küche)*

Tochter:
(zu sich selber, murmelt in sich hinein)

Dieses bescheuerte Keksgefummel! Wo man in jedem Geschäft
das Zeug tonnenweise nachgeschmissen bekommt! Und
überhaupt, wer isst denn heutzutage schon noch dieses alberne
Retrozeug!

(ruft der Mutter in die Küche nach):
Ja ja, komm ja schon! Habe schließlich auch noch Hausaufgabe
auf! Uff, dieses ständige Gedrängel!

Vater:
Seid ihr endlich fertig mit dem Krawall! Da kann doch kein
vernünftiger Mensch fernsehen bei dem Krach! Los mach dich
hinaus in die Küche und tu nicht lang herum!

(zu sich selbst) Sowas von Stress! Jede Weihnacht dasselbe!

Mutter:
(von draußen)

Vater, denk daran, dass heute Abend Christbaummarkt ist. Ab halb
acht. Und nimm nichts zu Teures, aber auf jeden Fall eine Tanne.
Sonst haben wir vierzehn Tage lang die Wohnung voll Nadeln.

Vater:
Ogottogott, das auch noch! Hab ich total vergessen. Das nimmt ja überhaupt kein Ende mit diesem Weihnachtsgetue!

Erzähler links:
Da hatte nun auch unser Starreporter, der während der letzte fünf Minuten unsichtbar und lautlos dem unerfreulichen Geschehen gefolgt war, die Nase voll. Enttäuscht und entmutigt flatterte er in die himmlischen Gefilde zurück.
Als dann Tags darauf das vollständige Interview in der Himmelspost erschien *(Hilfspersonal kommt mit einer riesen Zeitung vor den Vorhang: „Himmlischer Anzeiger. Irdische haben keine Ahnung, was Weihnachten bedeutet“, 10 Sekunden, gehen nach rechts weg)*, waren alle tief empört. Nur Jesus selbst nahm das Ganze ziemlich gelassen:

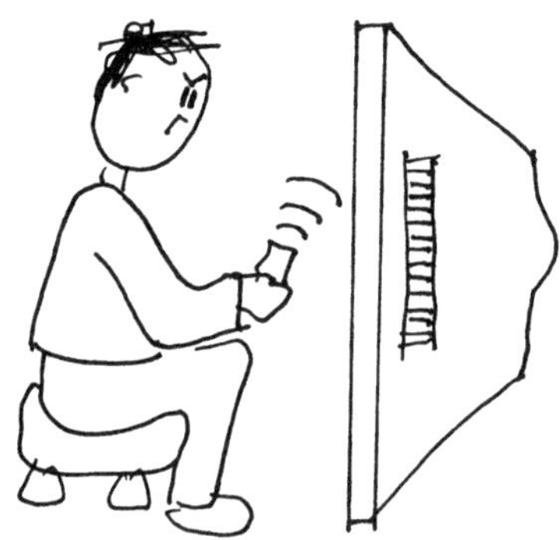

3. Bild

<u>Jesus:</u> *(Tonbandstimme)*
Also beruhigt euch doch. Ihr seid ja richtig hysterisch! Wenn ich damals so zimperlich gewesen wäre, glaubt ihr, ich hätte mir dann ausgerechnet den Kreuzweg ausgesucht? Na also! Ist schon gut, ist schon gut! Nun lasst doch nicht gleich die Flügel hängen!

<u>Erzähler rechts:</u>
Ja so ist er, unser Heiland. Immer hat er ein tröstendes Wort parat. Aber damit war die Angelegenheit noch keineswegs aus dem Himmel geschafft. Vor allem Ruprecht, der Weihnachtsmann, und das weihnachtliche Hilfspersonal waren trotz des allerhöchsten Trostes nach wie vor tief empört.

<u>Engel, ein großes. Durcheinander</u>:

<u>Angelus Everest</u>:
Das ist doch die Höhe!

<u>Angelus Kumulus:</u>
Keinen blassen Schimmer haben die Leute, was Weihnachten eigentlich bedeutet! Sowas Verrücktes!

<u>Angelus Altostratus:</u>
Und wir? Wir sollen denen noch mit unseren Geschenken weiterhelfen!

<u>Angelus Tsunami:</u>
Nie und nimmer!

<u>Angelus Bora:</u>
Nie und nimmer!

<u>Alle im Sprechchor:</u>
Nie und nimmer! Nie und nimmer! Nie und nimmer!
*(sie ziehen mit einem Spruchband: "WIR PROTESTIEREN!" über
die Bühne; im Hintergrund die Marseillaise. Sie setzen sich im
Kreis und diskutieren unhörbar, indem sie stumm und aufgeregt
gestikulieren)*

<u>Erzähler rechts (fett) und links:</u>
**Und selbst der brummige Ruprecht, den so leicht nichts aus
der Fassung bringt, strich sich durch den struppigen Bart und
knurrte ein paar unfreundliche Worte.**

Vielleicht ist es jetzt an der Zeit, euch zu, erklären, was es mit der
himmlischen Hilfstruppe des Knecht Ruprecht überhaupt auf sich
hat. Ihr werdet nämlich denken, dass es diese Einrichtung nicht
mehr braucht, seitdem jeder Mensch denkt und überlegt und immer
alles besser als der andere zu wissen vorgibt. Für Geheimnisse
oder gar Übernatürliches ist da kein Platz mehr. **Natürlich stimmt
das, dass es in der heutigen Zeit Einkaufszentren gibt, in
denen man alles Mögliche erstehen kann – unter der
Voraussetzung natürlich, man hat das nötige Kleingeld dafür
oder Papas Kreditkarte.** Und die Menschen, die sind nicht mehr in
der Lage zu erkennen, welches Geschenk nun aus himmlischen
Werkstattbetrieben stammt und was aus China, Korea, Taiwan und
wer weiß woher sonst noch kommt, und aus Ländern, wo
Menschen, oft sind es sogar Kinder, für diese Arbeiten ausgebeutet
werden. Ja, so ist das. **Und darum ist der Streik der
himmlischen Truppe schon zu verstehen, wenn nach den
etwas autoritären überirdischen Spielregeln Streik auch kein
zulässiges Mittel ist, um seinen Protest kundzutun.**

<u>Engel halten Kriegsrat *(sitzen im Kreis am Boden, Tamtam-Musik)*</u>

Angelus Tsunami:
Wisst ihr was? Ich schlage vor, wir streiken!

Angelus Bora:
Du hast Recht!

Angelus Kumulus:
Ja, da machen wir!

Angelus Everest:
Wenn die Menschen schon nicht mehr den Sinn des Weihnachts-
festes verstehen und nicht einmal mehr in der Lage sind, unsere
himmlischen Geschenke von den irdischen zu unterscheiden: ja,
was sollen wir uns denn da noch lange plagen?

Erzähler rechts:
Und der kleine Angelus Liliput, der gerade in der Mauser war und
deshalb schon tagelang schmollte, weil er wegen seiner Flugun-
tüchtigkeit nicht mit nach unten durfte, vergaß im Eifer des Ge-
fechtes seinen Groll; er hatte eine zündende Idee:

Angelus Liliput:
Aber nur, wenn ihr mich mit nach unten nehmt! Ihr müsst mich halt
in eure Mitte nehmen und festhalten, einer links, der andere rechts,
dann klappt das schon! Sonst verrate ich nichts! Null! Kein
Engelswort!

Angelus Kumulus:
Na los doch, sag schon! Das mit dem Mitnehmen, das kriegen wir
schon auf die Reihe!

Angelus Liliput:
(geheimnisvoll, schaut sich sichernd um)
Wir segeln runter, wisst ihr, unsichtbar wie immer. Und unten *(er
kichert)*, unten vermasseln wir den Menschen den ganzen Zirkus…

Angelus Tsunami:
Vermasseln? Na, wie willst du das denn anstellen?

Angelus Liliput:
Ja was weiß ich? Wir, wir bringen in die Geschäfte ein Durcheinander, dass sich keiner mehr auskennt. Und die Plastik-Weihnachtsmänner, die vor dem Kaufhaus Goldnagel herum stehen, schmeißen wir in den Müllcontainer, und wir…

Engel:
(erst zögernd, dann immer lauter und mit wachsender Begeisterung)

Angelus Tsunami:
Halleluja! Wir werden den Leuten da unten mit ihrer dämlichen Kaufwut so richtig einheizen, bis es ihnen anders wird! Mega Idee!

Angelus Bora:
Mega Idee! Als ob das so einfach wäre! Wie bringen wir's dem Ruprecht bei? Na? Der ist doch ganz bestimmt nicht mit von der Partie.

Angelus Altostratus:
Er glaubt gewiss, dass die Menschen unten noch Not leiden wie vor hundert Jahren und sich auf Strickpullover, gehäkelte Topflappen, auf geflochtene, gemalte, getöpferte Sachen, die liebevoll selbstgemachten Geschenke freuen wie damals, als die Menschen noch warten konnten auf Weihnachten und noch wussten, worum es dabei geht.

Angelus Kumulus:
Dabei wissen wir ja, wie es ist: Gibt es noch jemand, der einem anderen Zeit schenkt, indem er vielleicht selbst etwas bastelt? Diese Gedankengeschenke, die für unsere Augen heller strahlen als der Weihnachtsbaum, wenn sie auch noch so versteckt und

klein sind, werden doch heutzutage einfach beiseitegeschoben und
übersehen, als wären sie gar nicht vorhanden!

Angelus Everest:
Und man reißt zuerst natürlich die großen Pakete auf. Die von
Amazon. Die mit dem Geschäftsgeschenkpapier.

Angelus Tsunami:
Ja, weil es nur ums Materielle geht. Je teurer, desto besser!

Angelus Kumulus:
Stimmt! Das Herz, das mit den selbstgemachten Geschenken doch
immer mitgeht, ist uninteressant. Aber sagt mal, wenn wir nach
unten fliegen, um Unfug zu machen: Was machen wir denn dann
mit all den Sachen, die wir im Lauf des Jahres eingesammelt und
in unseren himmlischen Werkstätten hergestellt haben?

Angelus Everest:
Die stellen wir wo ab, so dass sie keiner findet. Und wir verteilen
ausschließlich unsere eiserne Reserve, die Zeitpakete!

Angelus Bora:
Donnerwetter, die hatte ich ganz vergessen! Ich dachte, das sei
eine Fehlentwicklung gewesen und die Produktion sei eingestellt
worden?

Angelus Everest:
Dachten wir. Weil früher jeder Zeit für den andern hatte. Dafür
standen die Leute auf Süßes und so. Jetzt aber scheint die Sache
anders zu sein: Unsere Zeitpakete sind top aktuell!

Erzähler rechts:
Ja, da gab's noch einige organisatorische Probleme. Und die Engel
holten die verstaubten Zeitpakete aus dem himmlischen Magazin
und polierten sie auf *(Engel holen Pakete mit Aufschriften wie: **10
Atemzüge. 30 Minuten. 5 Stunden. Kaffeepause. Ratscher.***

*Wandern. **Spielen**, polieren und stapeln sie. Im Hintergrund sitze Ruprecht in leidender Pose).* Das Schwierigste aber war, Knecht Ruprecht zu überreden, diesmal im Himmel zu bleiben und ihnen, seinen getreuen Engeln, das Geschäft der Bescherung zu überlassen. Dazu musste man sich schon etwas einfallen lassen!

(Scheinwerfer auf Ruprecht)

Angelus Kumulus:
Du siehst aber gar nicht gut aus, lieber Ruprecht! Gar nicht!

Angelus Altostratus:
Echt wahr!

Angelus Tsunami:
Und um die Nase bist du ganz grün! Ist dir nicht gut, Ruprecht?

Angelus Bora:
Bestimmt hast du wieder einmal zu viel Manna gegessen! Leg dich doch hin und mach dir keine Sorgen! Das da unten, das machen wir schon!

Ruprecht:
Ich fühle mich tatsächlich nicht besonders. Komisch! Wenn bloß der ver-, der Durchfall nicht wäre! Ich habe noch nie derlei gehabt. Bei der spirituell durchgecheckten Nahrung hier im Himmel ist sowas auch ganz und gar unwahrscheinlich! Komisch ist das. Fast schon kosmisch komisch.

Erzähler:
Angelus Liliput, der kleine Engel, der mit dem Störeinfall, der hat dem Rupert doch glatt einige Tropfen Chrisam ins Manna gemischt. Das haut den stärksten Himmlischen um. Und so kam es, dass der Ruprecht tatsächlich in luftigen Gefilden verbleiben musste – sozusagen notdurftgedrungen.

<u>Ruprecht</u>
Dass ihr mir auch alles ordentlich abliefert! Und vergesst die Warenbegleitscheine nicht! Man kann nie wissen! Ich hab schon öfter Probleme damit gehabt. Und in der Ozonschicht müsst ihr auf die Löcher achtgeben, die's seit einiger Zeit da gibt! Da ist schon mancher durchgefallen. Erinnert euch an Angelus Exitus. Das ist kein Spaß, hört ihr!

<u>Engel</u> *(alle, durcheinander)*

<u>Angelus Bora:</u>
Ja, ja, keine Angst, lieber Ruprecht!

<u>Angelus Kumulus:</u>
Wir haben doch alle den Flugschein und wissen, worauf wir uns einlassen!

<u>Angelus Liliput:</u>
Pfiati, Boss! Lass dich's nicht zu sehr verdrießen!

<u>Angelus Altostratus:</u>
Es gibt doch ein nächstes Jahr!

<u>Erzähler</u> rechts:
Und weg waren sie. Die Geschenke, die während des Jahres eingesammelt worden waren und die sie auf ihren Schlitten mitgezogen hatten, stellten sie hinter einem der nächsten Cumuli *(Erzähler links: Quellwolkenbänke, wisst ihr das überhaupt?)* ab und hatten nicht einmal ein schlechtes Gewissen dabei. Wenn ohnehin keiner etwas darauf gibt? Und sie nahmen als Gepäck nur die Zeitpakete mit, die aber keinen belasten, da sie ohne Gewicht sind und ganz leicht mitgeführt werden konnten. Sogar der kleine Angi nahm einige Portionen mit.

Vorhang

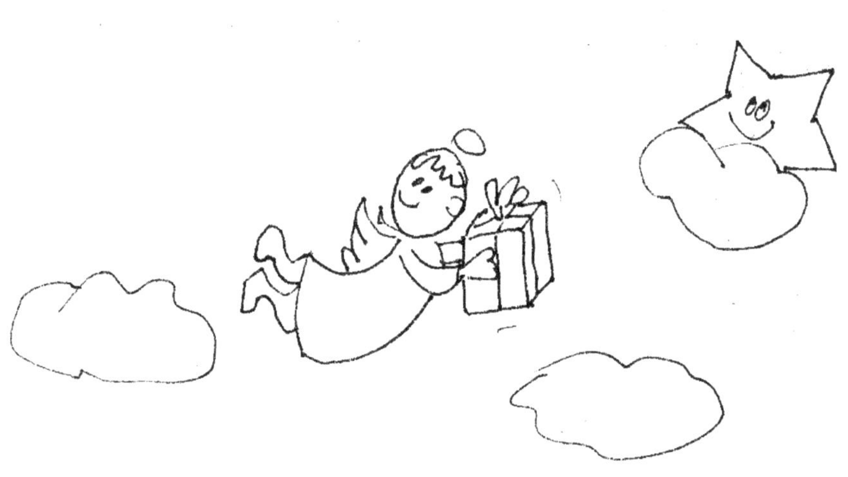

4. Bild

Angelus Tsunami:
Huuuiiii! Das geht aber bergab! Halt dich fest, Angi, mach keine
eigenständigen Manöver! Denk daran, dass du die Mauser hast!

Angelus Altostratus:
Da, da unten, die vielen Lichter! Ist das der Asteroidengürtel?

Angelus Bora:
Nein doch! Das ist unser Ziel! Bremsen, Everest, bremsen!

Angelus Everest:
Wir landen auf dem Marktplatz und teilen uns dann in die
Störtrupps auf wie abgemacht. Klar? So, *(liest auf einem Zettel):*
Wo ist der **TV-Trupp**? Ihr? Alles klar? Schütteln. Einfach schütteln.
Woran, fragst du? Na, an den gezackten Dingern, die ausschauen
wie ein kahler Baum aus Metall. Und die runden Satellitenteller
einfach verdrehen. Steckt die Router aus. Blast Sternenstaub auf
die Umsetzer. Aber: Zerstört wird nichts. Hast du gehört, Tsunami?
Nichts zerstören! Ab mit euch und Treff um Mitternacht hier auf
dem Dach des Rathauses!
Stoßtrupp.2: Ihr macht euch im Kaufhaus Goldstift an den
Schaltern zu schaffen, klar? Wie? Die Rolltreppen auch, natürlich.
Licht aus, wie abgemacht. Pakete vertauschen. Artikel verstecken.
Kassen versperren und so weiter. Solange, bis wegen technischer
Pannen geschlossen werden muss. Ab!

Stoßtrupp 3: Ihr verschreckt die Waldarbeiter, damit sie keine
Bäume schlagen können. Wimmern und Jammern geht am besten.
Da denken sie gleich an die armen Seelen und hauen ab!

Stoßtrupp 4: Ihr versteckt in möglichst vielen Häusern diejenigen
Geschenke, die sie bereits gekauft haben. Was? Ja, den Unsicht-
barkeitsspray dürft ihr für diesen Zweck verwenden, aber nur den

umweltverträglichen, klar? Stellt die Dosierung auf dreiundsechzig Stunden ein. Das genügt. Wir wollen nichts übertreiben. Menschen sind ja abhängig von den Geschenken, und Abhängige muss man mit Vorsicht behandeln, wie Kranke!

Stoßtrupp 5: Ihr verteilt die Zeitpakete. Aber aufgepasst: Sie sind portioniert! Schmeißt sie ruhig durch die Schornsteine, das klappt beim neuen Typ, der im letzten Jahr kollaudiert worden ist, ohne Qualitätsverlust.

Liliput und ich, wir bleiben zusammen und beobachten, was sich abspielt. Also, macht's gut! Denkt immer daran, es geht ums Ganze. Und bis übermorgen Mitternacht!

Erzähler links:
Die Störtrupps trennten sich und jeder ging seiner Aufgabe nach. Ob das Vorhaben der himmlischen Bengel auch den gewünschten Erfolg hatte?

Erzähler rechts:
Um diese Frage beantworten zu können, brauchen wir uns nur gemeinsam mit dem zurzeit fluguntauglichen Angelus Liliput, Angi gerufen, und dem Chef der kleinen Truppe, Angelus Everest, auf die Lauer zu legen und abzuwarten, was passiert.

Vorhang

5. Bild

(die Familie. Vater kommt von draußen herein. Er scheint müde und enttäuscht):

<u>Vater</u>:
(zu seiner Frau)
Stell dir vor, es gibt keine Weihnachtsbäume heuer. Unglaublich sowas! Unglaublich! Das geht zu weit!

<u>Mutter</u>:
Das gibt's doch nicht! Wenn in der Zeitung gestanden hat, dass heute Abend –

<u>Vater</u>:
(ungeduldig)
Weiß ja. Kannst es mir aber glauben! Da ist ein Mords Aufruhr in der Stadt! Den Wald schonen, haben ein paar Leute gemeint. Weil jedes Jahr ganze Wälder abgeholzt werden für Weihnachten.

<u>Mutter</u>:
Ja ja, sicher, stimmt ja alles. Aber gleich überhaupt keine Bäume –

<u>Tochter</u>:
Was soll denn das für Weihnacht sein! Ohne Baum? Der gehört doch dazu, spinn i! Wo wollt ihr denn dann meine ganzen Ge-schenke hinlegen? Auf den nacketen Boden? Wie schaut das aus??

<u>*Vater*</u>:
Na ja, geben tut's schon Bäume. Aber nur solche mit dem ganzen Wurzelzeugs. Und die kann man dann wieder zurückgeben, wenn man will. Für eine Leihgebühr kann man sie das ganze Weih-nachten über mieten. Oder kaufen. Dann muss man sie aber

irgendwo einpflanzen können. Das wird kontrolliert. Sachen gibt's!
Was sind das denn für Zeiten! *(kopfschüttelnd setzt er sich in den
Fernsehsessel)*

Tochter:
Ich will einen Baum! Ich will einen Baum! Ich bin ein Kind und habe
ein Recht auf einen Baum! Wir können ihn doch wieder einsetzen,
nachdem alles vorbei ist und ich die Geschenke kassiert habe!

Mutter:
In Gottes Namen, Vater, hol doch den Baum! Die knallt sonst
gleich durch, du kennst sie ja, deine Tochter!

Vater:
Erst die Nachrichten. Davor rühr ich mich nicht vom Fleck! Muss
erst wieder auftauen. Draußen ist's saukalt. *(macht sich am
Fernseher zu schaffen)*
Scheiß digitaler Firlefanz! Schrott ist das! Oder hat jemand von
euch den SAT-Receiver ausgesteckt, damit ich mit euch auf
Weihnachten mache? Verdammt nochmal!

Mutter und Tochter;
Ach was, wieso denn auch.

Vater:
Verflucht. Da muss was kaputt sein. Und das ausgerechnet
Weihnachten!

(das Telefon klingelt)

Was? Bei dir auch? Das ist doch nicht möglich! Es schneit doch
nicht! Wieso also die Störung! Schöne Weihnachten!

Vorhang

6. Bild

<u>Mutter</u>:
(kommt mit der Einkaufstasche auf die Bühne)
So, jetzt schlägt's dreizehn! Panne über Panne! Die Stadt steht
Kopf! Jetzt auch noch das!

<u>Tochter</u>:
(liest in der Zeitschrift: „Tussi für Anfängerinnen")
Was? Was ist?

<u>Mutter</u>:
Da schau, der Korb ist leer! Es gibt nichts zu kaufen! Nichts,
verstehst du? Es ist wie im Krieg. Keine Lebensmittel, überhaupt
nichts! Eine Katastrophe! Und morgen ist Weihnachten! Ich wollte
heute die Ente kaufen. Nichts zu machen! Die Läden sind alle zu!
Zu gefährlich, heißt's. Immer wieder Stromausfälle, und manchmal,
ich weiß nicht, ob das mit rechten Dingen zugeht! Manchmal
bewegen sich die Dinge vom Fleck, als würden sie von unsicht-
baren Händen gezerrt und gezogen. Gruselig ist das! Wenn ich
nicht wüsste, dass es keine Geister gibt...

<u>Tochter:</u>
(weinerlich)

Was sollen wir dann morgen essen! Und übermorgen! Eine Katastrophe! Ich bin ein Kind und habe ein Recht auf artgerechte Ernährung!

<u>Mutter:</u>
Aber wir haben noch das Eingemachte im Keller. Zur Not. Das ist zwar kein Festtagsessen, aber immerhin was zum Beißen. Was soll ich machen.

<u>Vorhang</u>

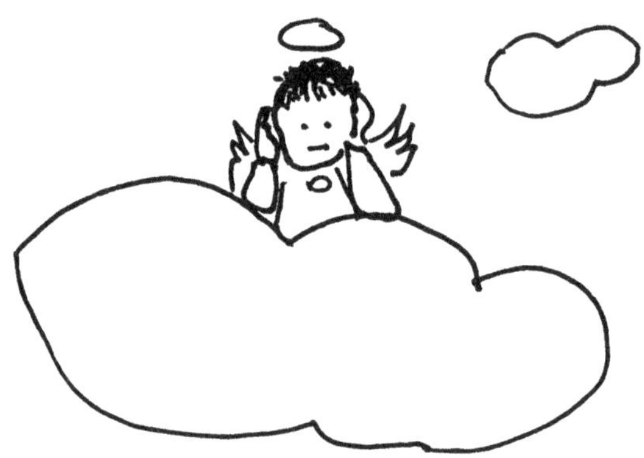

7. Bild

Vater:
Jetzt ist der Strom auch noch weg. Das geht nicht mit rechten Dingen zu! Erst kein Fernsehen mehr. Internet sowieso nicht. Kein Handyempfang. Nix. Dann machen die Läden dicht, einer nach dem andern, weil die Kassen nicht funktionieren. Dann der Strom. Das ist nicht geheuer, sag ich. Da stimmt was nicht. Da muss die Polizei einschreiten. Oder der Zivilschutz. Der Landeshauptmann soll's richten! Der ist doch für alles zuständig.

Mutter:
Seien wir froh, dass wir einen Kachelofen haben. Sonst würden wir schön da stehen! Es ist warm, und Kerzen haben wir ja auch.

Vater:
Und dass die Geschenke weg sind: das ist das Unglaublichste. Erst habe ich gemeint, man hat sie gestohlen. Man weiß ja nie, es gibt genug Einwanderer in der Gegend und solches Gesindel. Aber bei den andern ist es auch so. Nur der Pullover für Anja, den deine Mutter gestrickt hat, der ist noch da. Unglaublich! Das hat überhaupt keine Logik!

Mutter:
Möchte bloß wissen, wie Anja das verdaut. Sie wollte ja unbedingt den Anorak. Die dreht durch. Sie ist ja so sensibel, meine Tochter!

Vater:
Und die PlayStation. Unerklärlich ist das. Und in der ganzen Stadt dasselbe!

Vorhang

Da waren die Menschen in der Stadt natürlich ratlos. Ja, manche waren direkt verzweifelt und dachten an das Schlimmste. Keine der in den Kaufhäusern gekauften Geschenke waren mehr vorhanden, nur die selbstgemachten waren aus unerfindlichen Gründen an ihrem Platz verblieben. Doch davon gab es nicht eben allzu viele!

Nachdem sich der erste Frust etwas gelegt hatte, konnten unsere Störtrupps eine seltsame Beobachtung machen: In der ganzen Stadt machten sich Mütter wie Väter ans Werk und man nagelte und zimmerte, webte und nähte, strickte und flocht, strich und malte, hobelte und sägte, dass die Späne flogen und es eine helle Freude war. Denn ganz ohne Geschenke konnte man sich ein Weihnachtsfest nun beim besten Willen nicht vorstellen! Und so wurde in den paar Stunden, die auf Heiligabend noch verblieben waren, Altes verändert, aus Gebrauchtem Neues gemacht, und mancher Vater, manche Mutter fand, dass es wie ein kostbares Geschenk war mitzuerleben, wie jeder in der Familie geheimnisvollen Beschäftigungen nachging. Und dieses Zimmer war nun plötzlich verschlossen, jener Raum reserviert, und es herrschte eine freudige Stimmung wie - **ja, wie Weihnachten**.

Vorhang

8. Bild

(die Familie sitzt bei Tisch; Kerzenlicht. Im Hintergrund ein Weihnachtsbaum. Man spielt ein Kartenspiel).

Vater:
Na, das hast du nicht gedacht, was? Da, Herz und Maumau! Aus! Haha! Gewonnen!

Tochter:
Ach du! Du hast ja geschwindelt! Hab's genau gesehen! Gemogelt hast du! Ein schönes Vorbild gibst du ab!

Mutter:
Hast du, jawohl! Und überhaupt hast du vergessen, Mau zu sagen. Zwei aufheben! Nichts ist mit aus!

Vater:
Zwei gegen einen, das ist auch nicht gerade die feine Art! Na los dann, ich schaff euch auch so! Wär ja gelacht!

Erzähler rechts (fett) und links:
Ich glaube, niemand hat das leise Geräusch vernommen, das entstanden war, als der zuständige Störtrupp das Zeitpaket durch den Schornstein warf. Und augenblicklich hatte sich im Raum ein dichter Teppich von Ruhe ausgebreitet und es war, als sei es nie anders gewesen. Nicht ein einziges Mal fluchte Vater darüber, dass der Fernseher ausgefallen war und niemand, vor allem die kleine Anja nicht, dachte zu irgendeinem Zeitpunkt daran, nach den Geschenken zu fragen. Obwohl Heiliger Abend war, der Abend des Überflusses, der Abend der Geschenke... **Ihr**

schönstes, einzig wichtiges Geschenk war das, dass Vater und Mutter, die Eltern und sie am selben Tisch saßen und zusammen waren, wie seit Jahren nicht. Und es war, als sei die Zeit stehen geblieben für die Drei und für viele, viele andere Familien in dieser Stadt, in der es sonst nur Eile gab und Hetze und den Ausspruch: "Keine Zeit!"

Angelus Everest, der Boss, und Angelus Liliput, der Kleine, der diesen Einfall mit den Störmanöver gehabt hatte, zogen sich lautlos aus dem friedvollen Wohnzimmer zurück. Es war schon bald Mitternacht; Zeit, zum vereinbarten Treffpunkt auf das Rathausdach zu fliegen.

<u>Erzähler Mitte</u>
Wir wissen aus sicherer Quelle, dass Ruprecht, als er hinter den Schwindel kam, nicht etwa mit der unfolgsamen Engelsbande ins Gericht ging, wie diese es erwartet hatten. Nein. Er lachte so schallend, dass die Himmelsfesten bebten und der Mond kurz einen astronomisch nicht vorgesehenen Hüpfer machte, und Tränen der Rührung traten in die freundlichen Äuglein. „Das habt ihr aber prächtig gemacht!", *lobte er seine Schar und strich zärtlich über die borstigen Köpfe, die sich so gar nicht nach Engelshaar anfühlten. Und die kleinen Gesichter strahlten vor Erleichterung und Stolz wie - hm ja, wie Weihnachten.*

So hatten die kleinen himmlischen Lauser den Menschen für dieses Jahr ein Geschenk gebracht, das man in keinem Kaufhaus der Erde zu kaufen kriegt; ein Geschenk, das man in den selbst-gebastelten Dingen findet, in den Gedanken an den anderen; das Geschenk, füreinander Zeit zu haben.

<u>Vorhang</u>

<u>ENDE</u>

König Balthasars Entdeckung

ein weihnachtliches Lustspiel

in 7 Bildern

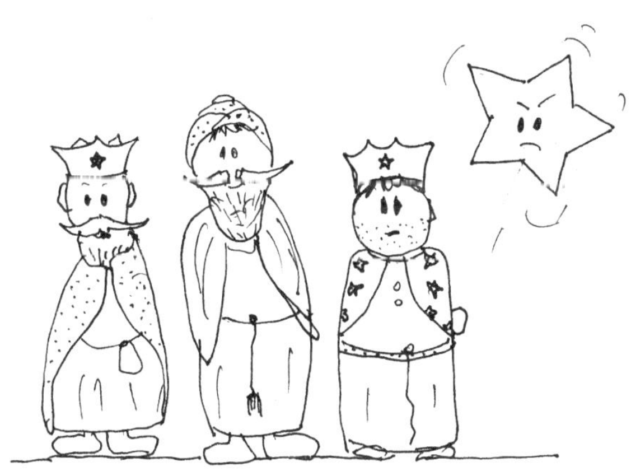

1. Bild

Die Kür

Bühnenbild:

Offener Vorhang, im hinteren Teil, auf dem blauen Hintergrund, geistern Sterne herum. Ein Spagat ist gespannt von der Balustrade bis in den Bühnenraum. Oben auf der Balustrade steht ein Schüler und lässt auf ein Stichwort hin einen Stern aus Pappe nach unten rutschen.
Der hintere Vorhang wird etwas aufgezogen und lässt ein Tor erkennen, durch das Petrus den Bühnenraum betritt. Hinter ihm schließt sich das Tor = der Vorhang.

Sphärenmusik.

Requisiten:
4 Sterne mit Stielen, Tor aus Pappe

Personen:
Petrus
Stern Halley
drei weitere Sterne

PETRUS:
(*murmelnd*): Was steht nun gleich an? Ich hab das Gefühl, ich hätte was Wichtiges zu erledigen. (*geht nach vorne und blättert in einem Notizblock.*

Ein Stern läuft mit und hält den Heiligenschein über Petrus).

DER STERN:
Ja mei, Petrus. Die Kür.

PETRUS:
(*erleichtert*)
Jaja, klar. Weiß ja. Die Kür. Wegen dem Stern von Bethlehem. So
a Stress. Gut dann. Du, du, du und du (*zeigt zum Hintergrund der
Bühne, wo die Sterne herumgeistern*). Und du auch da draußen
(*zeigt nach oben zur Balustrade*), los, Galopp, und stellt euch in
einer Reihe zu einer astralen Parade auf.

(*Die 4 STERNE kommen daher, die Sterne im Hintergrund
verschwinden nach und nach. Dann kommt der Stern von oben
herab und der letzte Stern, HALLEY, der später ausgewählte,
versteckt sich hinter den anderen*).

PETRUS:
So, dieser traurige Sternenhaufen stellt also die Gruppe der
Auserwählten dar. Junge, Junge. Ich finde, die Sterne sind auch
nicht mehr das, was sie früher waren. Die Qualität nimmt
Jahrmillion für Jahrmillion ab. Kommt nix Gscheites nach. He du
(*an den ersten Stern gewandt*), kannst dich gleich auf deine Bahn
zurück beamen. Du auch, und du mit der müden Funzel, was soll
ich denn mit dir? Was, dich hat man ausgesucht? Wegen?

4. STERN (*schüchtern*):
Ja mei, weil, weil, weil ich grad diese Galaxis durchquere und quasi
arbeitslos bin –

PETRUS:
Marsch zurück in deine Milchstraße. Wir haben hier nichtsnutzige
Sterne genug. (*Stern trollt sich maulend*).

PETRUS:

Jesses, was haben wir denn da? Du kleiner Glühwurm bist ein
Stern? Aber wohl kein ausgewachsener, oder? Du saugst in der
Milchstraße wohl noch an der Milchflasche, was?

STERN HALLEY:
Genau, Petrus! Ich bin für diesen wichtigen Job viel zu, zu grün.
Das ist gegen die himmlischen Gesetze! In der Bibel steht, dass
Jungsterne, Putti, Blasengel und dergleichen Geflügel keine
unzumutbaren Arbeiten ausführen dürfen!

PETRUS:
Na, na, mal nicht gleich übertreiben! Wie alt sind wir denn so? Auf
ein paar Jahrmilliönchen auf oder ab kommt es mir dabei nicht an.

STERN HALLEY *(zweifelnd, schüchtern)*:
Zwei?

PETRUS:
Was nun, Jahrtausende, Millionen, Milliarden? Was nun?

STERN HALLEY:
Oder zwölf?

PETRUS:
Magst dich noch so drücken wollen. Ich nehm dich. Bist ja auch der
Letzte, der irgendwie *(macht eine abwertende Handbewegung)* die
Voraussetzungen erfüllt. Der ganze Himmel ist ja voll von Schrott.
Und, hat dir die Astronomische Vereinigung einen Namen verpasst
oder läufst du noch unter einer Nummer?

STERN HALLEY:
Halley heiß ich. Aber ich habe schon einen Job! Muss dem Saturn
seinen Reifen polieren und nachher den Mondstaub aufwischen
und -

PETRUS:

Wie war das mit dem Verbot von Kinderarbeit? pah! So, melde dich morgen beim Arbeitsamt. Und vergiss den Flugschein nicht und deine Zulassung für galaktisches Navigieren. Du hast den Job. (*verlässt die Bühne durch das Tor, das sich wieder geöffnet hat*).

STERN HALLEY (*setzt sich vorne an den Bühnenabsatz und schlägt die Hände vors Gesicht. Er ist traurig. Ein zweiter Stern schaut um die Ecke und setzt sich dazu*).

ZWEITER STERN:
He Halley, was ist denn los mit dir? Du schaust irgendwie krank aus. Ist dir ein Schwarzes Loch in die Quere gekommen oder was.

STERN HALLEY:
Was los ist, was los ist. Scheiße ist das, himmlische.

ZWEITER STERN:
Sag schon, los.

STERN HALLEY:
Mein Date platzt! Da kommt endlich einmal meine TICHY in Reichweite, und was ist? Ich muss diese dämlichen Wüstenkönige führen!

ZWEITER STERN:
TICHY? Sollte ich die kennen? (*nachdenklich*) TICHY. TICHY…

STERN HALLEY:
Meine TICHY! Mein Kometen-Schwarm aus der Wega! Wie ich mich auf sie gefreut habe. Und nun das!

ZWEITER STERN:
Ja und? Was ist denn mit deiner Verabredung?

STERN HALLEY:

Ein total bescheuerter irdischer Auftrag! Reise von Indien nach Arabien über läppische zweitausend himmlische Meilen! Bevor du startest, bist du schon angekommen! Und was ist mit meiner TICHY? Die nächste Konjunktion ist in 87 Millionen Jahren! Da kann ich inzwischen ja zwei Mal die gesamte Milchstraße umrunden! Das alles darf nicht wahr sein! Ein Albtraum!

ZWEITER STERN:
Du Armer! Wie ich dich verstehen kann! Und wenn du ein bisschen Speed drauflegst, dann schaffst du das Date vielleicht doch noch!

STERN HALLEY:
Speed, Speed. Es sind Kamele im Spiel, ein Esel, Ein Pferd und drei lahme menschliche Figuren! Was soll ich da Speed entwickeln! Bremsen muss ich mich. Total einbremsen, das ist es!

ZWEITER STERN:
Dann stress die mal ein bisschen. Du schaffst das schon!

STERN HALLEY:
Wenn das nur wahr wäre.

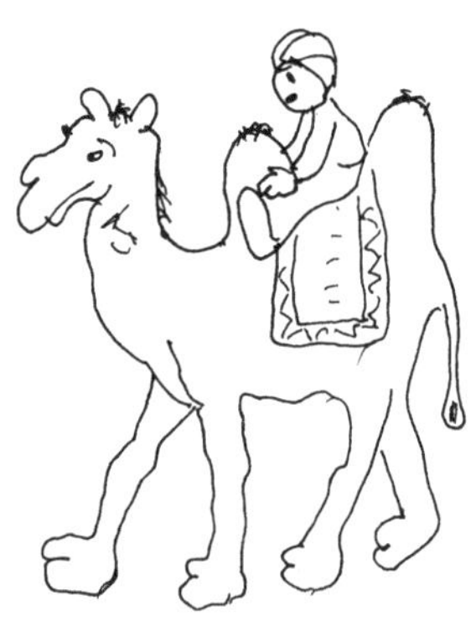

2. Bild

Tankstelle in der Wüste

(Projektion auf Leinwand: Nachtszene, Tankstelle in der Wüste. Auf der Bühne sind nur einige Umrisse sichtbar, dominierend der leuchtende Schweifstern)

<u>Bühnenbild:</u>

Zwei Zapfsäulen. Die eine Zapfsäule wird von einem Schüler/einer Schülerin mittels Kartonschachteln dargestellt. Aufschrift: DOC (Desert Oil Connection). Die drei Tiere werden von je einem Schüler dargestellt, die Kartonumrisse tragen. Aufschrift: Kamel, Pferd, Ehsel (der Fehler wird durchgestrichen). Im Hintergrund ein Verkaufsstand mit der Aufschrift: Kamelmilch süß, sauer, gegoren. Datteln S, M, XL, XXXL.

Der Tankwart trägt einen Overall und eine Schirmmütze, die Könige viele Tücher, Turbans.

Der Stern bewegt sich während des Aktes hektisch hin uns her, auf und ab und versucht ständig auszubüchsen. Ben Balthasar hält ihn an einer Hundeleine unter Kontrolle.

<u>Requisiten:</u>

Zapfsäule mit Aufschrift aus Kartonschachteln, in denen ein Schüler steckt.

Tischchen mit Kamelmilch und Datteln, Goldklumpen, Messer, Reibe, Hundeleine, ein paar pralle Säcke

Personen:
Tankwart
Ali Kaspar
Jussuf Melchior
Ben Balthasar
Kamel, Pferd, Esel
Stern

TANKWART:
Na, ihr staubigen Wüstensöhne, was soll's sein? Diesel, Normal, Abnormal?

ALI KASPAR: (liest die Aufschriften an den Zapfsäulen)
Was lese ich da? Verbleit? Krass! Willst du mein Kamel vergiften? Mein Mustafa ist ein Rassekamel und arbeitet ausschließlich mit Bleifrei. Deinen Fusel kannst du Ben Balthasar anbieten. Dem sein Esel ist nicht wählerisch, der schluckt alles.

TANKWART:
Bleifrei? Bleifrei? Was ist das? Eine neue Spezialmischung? Ihr kommt aus einer Stadt im Osten, nicht wahr, und habt überzogene Erwartungen. Wir sind eine ländliche Tankstelle mit bescheidenen Möglichkeiten.

JUSSUF MELCHIOR:
Und, was ist? Kriegt mein Pferd endlich seine Ration? Wir müssen so schnell wie möglich weiter, sonst haut uns der Stern ab und wir verirren uns heillos. Und dann gibt es kein Dreikönigsfest, will heißen, es ist normal Schule. So ist das.

BEN BALTHASAR:
Ja eben. Und wenn wir uns verirren tun, ist das ganz schlecht. Dann gibt es nur mehr Sand. Zu Mittag Sand, zum Abendessen Sand, und zum Frühstück Sand. Das ist schlecht, ganz schlecht.

ALI KASPAR:
Komm, Ben Baltasar, beruhige dich. Wir tanken hier ordentlich auf und du wirst sehen, das Stückchen Wüste, das uns noch bleibt bis Jerusalem, kommt dir vor wie der Sandkasten vom Kindergarten.

TANKWART:
Na, was ist nun? Was wollt ihr: Diesel, Normal?

JUSSUF MELCHIOR:
In Gottes Namen drei Mal Normal. Und für uns drei Mal Kamelvollmilch und eine ordentliche Staude Datteln.

ALI KASPAR:
Und schieb eine Kokosnuss mit rüber. Aber eine volle! Die Mogelpackungen mit den halbleeren Nüssen, die unter euch Arabern kursieren, kennt man sogar bei uns im Fernen Osten, lass dir das gesagt sein!

BEN BALTHASAR:
Meine Kamelmilch mit einer Prise Muskat, bitte. Oh, das ist lecker, das ist fein!

TANKWART:
Geht klar. *(stellt das Gewünschte vor die Könige. Inzwischen werden die Tiere aufgetankt)*

ALI KASPAR:
Komm, Ben Balthasar, in der Zwischenzeit behältst du unseren Stern im Auge, damit wir nachher den Weg wieder finden. Notfalls legst du ihn an die Leine, wenn er abhauen will *(lacht)*.

BEN BALTHASAR:
Das ist gemein. Immer muss ich den Stern hüten. Nur, weil ich ein Esel bin, halt, weil ich einen Esel habe!

TANKWART:
So, das waren 200 Liter fürs Kamel, 25 fürs Pferd und 12 für den
Esel. Zahlt ihr in bar oder wollt ihr was eintauschen für den Sprit?
Socken, Leibelen, Jeans? Bisschen Haschisch?

ALI KASPAR:
In bar. Wir zahlen in bar! Eintauschen! Wir sind nicht aus
Marokkistan sondern aus Indien. Da, schmirgle dir den Betrag von
meinem Goldklumpen ab. Was auf der Reibe bleibt, behalte als
Trinkgeld. Soll keiner sagen, wir Könige aus dem Morgenland
seien armselige Schlucker! Oder nimmst du lieber Weihrauch?
Vielleicht etwas Myrrhe?

TANKWART:
Nein nein, bleibt mir damit vom Leib. Gold passt. Aber sagt mal,
was habt ihr mit dieser kolossalen Menge Weihrauch vor? Und mit
der Myrrhe? Hab noch nie eine solch komische Ladung gesehen.
So viel zum Räuchern kann's in der heutigen Zeit doch gar nicht
geben. Und dieses ganze Fuder Myrrhe! Da könnt ihr ja ganz
Arabistan vom Bauchweh kurieren! Die meisten Karawanen
kommen hier mit Salz durch oder mit Datteln, aber Myrrhe und
Weihrauch? Nicht, dass es mich etwas anginge…

JUSSUF MELCHIOR:
Ja mei, das ist eine etwas komplizierte Geschichte. Kennst du die
Bibel?

TANKWART:
Bibel, Bibel (überlegt). Das ist ja eine Fragerei wie bei Wetten Weil!
Bibel. Bibel. Ach ja, ist das nicht dieses komische Juden-
Wikipedia? Nein, ich lese prinzipiell nur die Anzeigen an der
Zapfsäule. Das andere interessiert mich nicht. Das bringt nichts.

JUSSUF MELCHIOR:
Dann sag ich's dir halt: In der Bibel steht's so drinnen mit dem
Gold, dem Weihrauch und der Myrrhe. Wir hätten auch lieber was
Anderes mitgenommen, was weniger Aufwändiges, aber weil die
Bibel niemals irrt, müssen wir uns an die Vorgabe halten. Die drei
Ladungen sind für ein Bürschlein in Israel bestimmt, das einmal
König der Juden werden wird.

TANKWART:
Und das lassen diese Römer zu, wo die sonst ja alles unter
Kontrolle halten? Und überhaupt, was seid ihr denn für Figuren.
Seid ihr etwa Hellseher? Oder woher wisst ihr das denn alles?

ALI KASPAR:
Gut geraten, Astronomen sind wir. Und Astrologen. Ich hoffe, du
kennst den Unterschied. Wir können in den Sternen lesen und
wichtige Ereignisse vorhersagen.

BEN BALTHASAR: (schlürfend und schmatzend)
Ja, wir können das. Das können wir. Weil wir sind total gut! Wir
können ganz genau sagen, dass jetzt Nacht ist. *(geheimnisvoll)*
Weil man den Stern sehen kann. Bei Tag ist das schwierig.
Schwierig ist das bei Tag, weil da ist es hell.

ALI KASPAR:
He Ben Balthasar, man kann keinen Stern sehen! Beim Scheltan,
du hast unseren Stern schon wieder entwischen lassen!

TANKWART:
Dann will ich euch nicht aufhalten, wenn ihr eine so wichtige
Mission zu erfüllen habt. Das Gold habe ich abgeschnitzelt. Ich
wünsche euch eine gute Weiterreise. Den Weg könnt ihr mit eurem
astralen Scheinwerfer eh nicht verfehlen. Ich meine, wenn ihr ihn
wiederfindet. Und auf dem Rückweg kommt doch wieder hier
vorbei. Ich bin jetzt schon neugierig auf die Geschichten, die ihr
dann zu erzählen habt!

DIE KÖNIGE:
Geht klar, wir schauen dann wieder vorbei und schlürfen
gemeinsam ein Gläschen Tee. Salam aleikum!

TANKWART:
Aleikum salam! Und bestellt dem kleinen Judenkönig Grüße von
mir. Man kann ja nie wissen, vielleicht kommt er mit seinem
Hofstaat einmal hier vorbei. Das wäre nicht schlecht fürs Geschäft!
Werbung in der Jerusalem-Post…

3. Bild

Im Palast des Herodes

Bühnenbild:

*Leerer Hintergrund, zwei Säulen aus Pappkarton in leuchtenden
Farben, dazwischen der erhöht stehende Thron des Herodes. Der
König trägt eine Krone und leuchtende Farben, rot. Die Diener
tragen Sandalen, auch der König, und sackähnliche Kleidung. Im
Hintergrund leise orientalische Musik und Weihrauchduft zieht
durch die Bühne.*

Requisiten:
2 Säulen, Thron, Weihrauch, orientalische Musik

Personen:
Diener1: Vertrauter des Königs
Diener2
Herodes

DIENER1:
Herr, wir haben den Auftrag ausgeführt. 1236 Elemente, auf die die
Beschreibung zugetroffen hat, nämlich erstgeboren, männlich und
jünger als zwei Jahre, wurden auftragsgemäß eliminiert.

HERODES:
Habt ihr auch keinen übersehen? Dann macht mir auch niemand
den Thron streitig!

DIENER1:
Also, wir sind mit gewohnter Gründlichkeit vorgegangen. Die
üblichen Verstecke wie Hühnerställe, Schubladen, Futterkrippen,
Brunnenschächte usw. haben wir von oben bis unten durchsucht.
Es dürfte uns keiner entkommen sein.

HERODES:
Gut so. So gibt es in den kommenden Jahren halt einen gewaltigen
Frauenüberhang: Frauen beim Militär, Frauen bei der Müllabfuhr,
Frauen in den Steinbrüchen, Frauen im Haushalt, Frauen beim
Kinderkriegen. Warum nicht?

DIENER1:
Herr, Kinder werden normalerweise sowieso von den Frauen
gemacht, wenn ich das bemerken darf. Und der Haushalt -

HERODES:
Äh, ach ja. Ist nicht so wichtig. (*Pause*) Etwas anderes:
Als König von Galiläa und Juda habe ich an die Römer
astronomische Steuersummen abzuführen…

DIENER1:
…und auch eure 17 Frauen und die Bodyguards sind nicht billig.
Nicht zu reden von eurem Militär …

HERODES:
Na und, was soll ich machen? Man muss seinem hohen Stand
entsprechend auftreten, das erwarten die Leute von einem. Und
beim Militär sparen wäre sowieso ein Blödsinn. Das ist eine Form
von Arbeitsbeschaffung. Eine soziale Maßnahme ist das. Wenn
man das nur endlich begreifen würde. Was ich dich als meinen
ersten Ratgeber in diesem Zusammenhang fragen wollte: Wie ist
denn der Stand unserer königlichen Kasse momentan?

DIENER1:
Von Stand kann kaum die Rede sein. Ebbe, mein König. Wenn es
so weiter geht, heißt es drastisch sparen und…

HERODES:
Ich meinerseits bin mehr für ein Anziehen der Steuerschraube. Das
bringt's eher. Steuer, Steuer… He du, Bursche, haben wir
eigentlich schon eine Steuer auf schwarze Schafe? Wir könnten…

DIENER1:
Herr, darf ich euch darauf aufmerksam machen, dass wir die
Obergrenze der Steuerbelastung schon längst erreicht, nein:
überschritten haben? Wenn wir Euren Untertanen noch mehr
abknöpfen, sterben uns diese Leute weg wie die jüdischen Buben,
die ihr ausradiert habt. Das macht Eure Kasse auch nicht voller.

HERODES:
Das klingt logisch. Da ist was dran. *(schiebt die Krone beiseite und
kratzt sich am Kopf)* Halt, stopp, da kommt mir ein vielversprechen-
der Gedanke: Hast du von den drei vornehmen Schahs gehört, die
demnächst in Jerusalem eintreffen sollen? Meine Agenten haben
mir diese Nachricht zugetragen. Drei Könige aus dem Osten, beladen mit gewaltigen Reichtümern. Da tut sich eine interessante
Möglichkeit auf. *(nachdenklich, murmelnd)* Wenn man die Sache
gut organisiert…

DIENER1:
Nun ja, Herr, die drei Schahs suchen den neugeborenen König der
Juden, und ihre Reichtümer sind für dieses Kind bestimmt.

HERODES:
Du Sohn einer Eselin, du Enkel eines Kamels! Hast du nicht
verstanden, dass ich mit den 1237 –

DIENER1
1236, mein Herr –

HERODES: (ist kurz irritiert)
- jüdischen Buben auch den angeblichen König der Juden
ausradiert habe? Aus und vorbei. Es gibt keinen König der Juden,
weder groß noch klein. *(lacht hämisch)*

DIENER1:
Außer euch, mein König.

HERODES:
Ähm, stimmt: außer mir natürlich. Unsere Untertanen sollen ihre
Sklavenarbeit verrichten, Steuern abführen und unsere imperiale
Überlegenheit anerkennen. Basta.

DIENER2:
Darf ich Euch etwas fragen, mein Gebieter?

HERODES:
Was ist?

DIENER2:
Wie habt Ihr euch das gedacht, das mit den Reichtümern der drei
Könige?

HERODES:
Na, das, das-, das ist doch ganz einfach, oder? Man muss sie
überreden. Überzeugen muss man sie. Vielleicht ein bisschen
drängen, sagen wir: zwingen oder so…

DIENER2:
Darf ich etwas anmerken, mein König?

HERODES:
Na, was denn?

DIENER2:
Die Könige sind vielleicht bewaffnet. Die kommen womöglich mit
einem großen Gefolge daher. Es ist vielleicht nicht ganz so einfach,
ihnen ihre Reichtümer, ähm, abzunehmen.

HERODES: (macht eine Runde und denkt laut nach)
Vielleicht ist es in der momentanen angespannten Lage besser,
nicht mit Gewalt vorzugehen. Wir wollen keinen diplomatischen
Zwischenfall provozieren, ich kann im Moment keine Schwierigkeiten mit den Ländern im Osten brauchen. Habe mit dem Ausbau
meiner Macht hier in Judäa genug zu tun. Ein Augenblick von
Unachtsamkeit und es ergeht mir hier wie dem Kollegen Assat
drüben hinter den Dünen. Aber was soll ich tun?

(Pause, überlegt, geht unruhig hin und her)

Der Ausbau des Tempels verschlingt meine letzten Ressourcen!
Da könnte ich ein paar fürstliche, ähm, Geschenke ganz gut
gebrauchen *(lacht schäbig, reibt sich die Hände)*. Und ich könnte
das Militär aufstocken. Kurzum: Wie gehen wir vor?

Vorhang

4. Bild

Drei Könige vor Jerusalem

Silhouette der Stadt im Hintergrund. Der Stern ist zu sehen. Geräusche eines großen Marktes.

Die Stadt wird projiziert; zu diesem Zweck ist eine Leinwand günstig zu platzieren und ein Projektor, mit dem passende Motive projiziert werden.

<u>Requisiten:</u>
Fernrohr; PowerPoint-Projektion

<u>Personen:</u>
Ali Kaspar
Jussuf Melchior
Ben Balthasar
Passant 1, Passant 2, Passant 3
Soldat

JUSSUF MELCHIOR: (mit dem Teleskop am Auge)
Da, die berühmte Stadtmauer von Jerusalem! Die hält schon einen Rempler aus! Und dort der Tempel, dahinter ein paar Baukräne. Die Kuppel wird gerade gedeckt. Gewaltig! Wie alles funkelt und glänzt! Und der Markt, die Menschenmenge! Da ist was los!

ALI KASPAR:
Haben wir's also geschafft. Mein Kamel hat bei der Wüstenralley am besten abgeschnitten, das müsst ihr zugeben! Schau nur, wie ramponiert dein Pferd ist, Melchior! Der blanke Schrott die ganze Karosserie! Aber Bens Esel hat sich nicht schlecht gehalten, das

muss ich neidlos anerkennen! Ich werde dem neuen König hier empfehlen, als Personentransporter einen Esel zu verwenden. Das Kamel ist zwar eindeutig besser, aber etwas unhandlich. Es passt mit seinen Höckern kaum durch die Tore. Das Rangieren ist obendrein zu mühsam, es hat für diese engen Gassen einfach einen zu großen Wendekreis.

BEN BALTHASAR: (stolz)
Mein Esel ist ein spitzenmäßiger Esel, das ist wahr! Ist er das nicht? *Mit einem Esel und ein Paar Sandalen kann dir nicht viel fahlen*, wie das Sprichwort sagt. Und das ist wahr!

ALI KASPAR: (zu einem Passanten)
Hallo, Freund, kannst du uns eine solide Herberge empfehlen? Wir haben einen staubigen Weg hinter uns und möchten auf die Schnelle in einen ordentlichen Whirlpool.

BEN BALTHASAR:
He, hallo, wo kann man sich hier amüsieren? Ich möchte einmal so richtig auf den Schmutz hauen!

JUSSUF MELCHIOR:
Langsam, Balthasar, auf den Putz sagt man da doch. Aber erst wird gebadet und gegessen.

BEN BALTHASAR: (murrend, kleinlaut)
Schon klar: Der Esel badet, und ich esse.

ALI KASPAR:
Was könnt ihr uns empfehlen, Freund?

PASSANT3:
Bin nicht von dieses. Weiße nicht. Ich andere Baustelle.

ALI KASPAR:
Was ist?

PASSANT3:
Du nix sprecht Arabisch? (laut) Bin nix hier. Nix weißen. Ich andere
Baustelle.

PASSANT1:
Kann ich euch weiter helfen? Seht ihr das grüne arabische I dort
drüben über dem Haus? Das ist El Informazija, die Touristen-
information. Da kriegt ihr bestimmt ein paar gute Tipps. In eurer
Preisklasse sind garantiert noch ein paar Himmelbetten frei. An
sich ist es im Moment nicht leicht, etwas zu finden. Volkszählung,
wisst ihr. Da ist der Teufel los.

PASSANT2:
Was habt ihr nur für einen komischen Dialekt? Seid ihr etwa aus
Gardenistan? *(Projektion eines ladinischen Ortsschildes. Ladinisch
ist eine romanische Minderheitensprache in Südtirol)*

SOLDAT: (gesellt sich dazu)
Siehst du nicht, dass die Drei ein Fernrohr bei sich haben? Die
stammen aus Gummerstan, ohne Zweifel, dort gibt es eine
berühmte Sternwarte *(Projektion der Sternwarte von Gummer in
Südtirol oder eben eine andere, lokale)*. Ihr seid doch bestimmt die
berühmten Astrologen Ali Kaspar, Jussuf Melchior und Ben
Balthasar? Euer Ruf ist euch vorausgeeilt. Schön, dass ihr ihm so
zügig gefolgt seid!

JUSSUF MELCHIOR:
Schon. Natürlich. Das sieht man doch, das sind wir. Obwohl, der
Chefastronom ist er da, Ali Kaspar. Ich bin der Astrologe, und der
Herr zu meiner Rechten, Kollege Balthasar, sorgt für den nötigen
Durchblick: Er putzt die astronomischen Geräte.

BEN BALTHASAR:
Das ist eine ziemlich wichtige Arbeit, ja, das ist es! Das kann nicht
jeder! Eine echte Herausforderung ist das. Das kriegt nur ein
mächtiger Scheich wie ich einer bin auf die Reihe!

SOLDAT:

Hört, meine Herren, ich habe Befehl, euch direkt zum König zu bringen, Herodes dem Ersten. Er wünscht euch zu sehen und möchte mit euch bei einem Gläschen Palmwein ein wenig über Gott und die Welt - und natürlich über sich selber - plaudern. Eure Transportmittel könnt ihr in der Palast-Karawanserei abstellen. Sie werden dort in der Zwischenzeit gewaschen und aufgetankt. Und ihr, ihr werdet mit allen Ehren behandelt und bewirtet, wie es eurem fürstlichen Rang zusteht.

ALI KASPAR:

Das klingt verlockend. Soll einer was gegen die arabische, oder jüdische? Gastfreundschaft sagen! Hab Dank! Nun führ uns zu deinem Herrn. Den Abstecher können wir uns schon leisten. Heute ist ja erst der dreiundzwanzigste.

BEN BALTHASAR:

Seht ihr, ich habe immer schon gewusst, dass wir was Besseres sind. Endlich hat es einer kapiert.

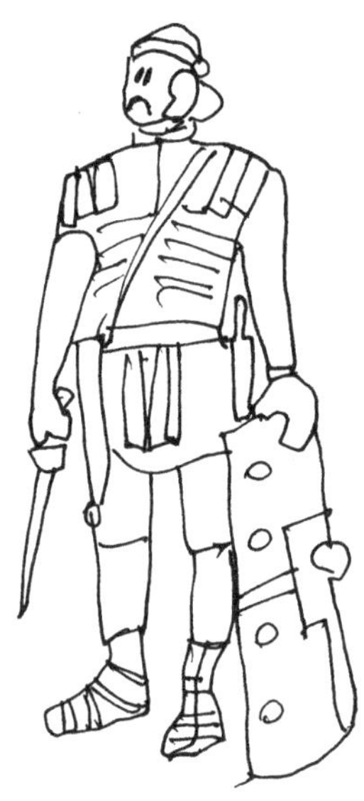

5. Bild

Vorbereitungen im Palast des Herodes

Palastzimmer wie im zweiten Bild
Tonbandaufnahme: Orchesterprobe, dazwischen linkische,
übertriebene Halleluja-Rufe

Requisiten:

Tonbandaufnahme der Orchesterprobe
Violine
Feuerlöscher, Megaphon und Fluchtplan

Personen:
Ali Kaspar
Jussuf Melchior
Ben Balthasar
Diener1, Herodes' Vertrauter
Diener2
Herodes
Violinist

DIENER1:
Mein Gebieter, die Könige sind im Anzug. Wie sollen wir mit ihnen
verfahren?

HERODES:
Die Könige, die Könige. Könige hier, Könige dort! Das ist nicht so wichtig! Hauptsache, das Gepäck kommt heil an. *(lauernd)* Na was ist, sind viele Diener dabei?

DIENER1:
Nein, wir haben Meldung bekommen, dass die Scheichs allein kommen. Die Wachen und Bediensteten haben sie wohl in einem Lager vor der Stadt zurück gelassen. Die Stadt ist ja militärisches Sperrgebiet! Das habe Ihr angeordnet, mein König!

HERODES:
Klar. Jetzt bei der Volkszählung müssen wir doppelt aufpassen, dass uns kein Gesindel hier hereinschneit!

DIENER1:
Dieser Ausdruck ist hier in der Wüste etwas unpassend, wenn ich das sagen darf, mein König. Herein**sandet** wäre angebrachter. Ja, die Könige. Sie sind allein und ihr Gepäck haben sie dabei.

HERODES:
Das ist gut so. Wahrscheinlich sind sie neugierig auf mich und meinen Palast und wollen keine Zeit vergeuden, mich, den berühmten Herrn über Judäa, zu bewundern. Führt sie gleich zu mir, und das Gepäck, ihr wisst schon…

DIENER1:
Natürlich, Herr, wie ihr es befohlen habt.

HERODES:
Übrigens: Habt ihr alles hergerichtet: Die goldene Futterkrippe mit dem Kind, die Statisten, die das Elternpaar spielen, das himmlische Orchester? Wir wollen ja nicht aus der Rolle fallen.

DIENER1:
Wir haben im Hinterhof das Zelt aufgebaut, wie ihr es befohlen
habt. Es ist alles vorbereitet. Eure Tochter ist gewaschen und
poliert, die beiden Schauspieler haben ihre Elternrolle perfekt im
Griff, das Palastorchester ist mit je einem Paar Flügeln ausge-
stattet worden. Nach menschlichem Ermessen dürfte nichts schief
gehen. *(verlässt den Raum)*

DIENER2:
Ein bisschen blöd ist es schon, Herr, dass wir für die Hauptrolle
eure Tochter nehmen müssen. Aber die jüdischen Buben sind uns
ja ausgegangen und …

HERODES:
Was soll das, Kerl! Traust du meiner Tochter diese Rolle nicht zu
oder was! Sie ist begabt! Die hat Talent! Eine begnadete Schau-
spielerin. Ganz der Tata!

DIENER2:
Doch schon, natürlich. Schon. Nur geht es ihr im Moment nicht
besonders. Sie hat einen hundsgemeinen, äh, einen sozusagen
königlichen Durchfall. Die Milch von der Amme bekommt ihr nicht.
Mindere arabische Qualität, wenn Ihr mich fragt.

HERODES:
Na und? Amme austauschen, Pamper wechseln und Penaten-
Puder hinten drauf. Das wird ein Problem sein!

DIENER1: (betritt den Raum)
Herr, beinahe hätten wir die Sicherheitsbestimmungen übersehen.
Feuerlöscher, Megaphon und Fluchtplan. Nicht auszudenken,
wenn uns der Chef der örtlichen Sicherheit erwischt hätte!
Übrigens: Die drei Könige sind da, prächtig gekleidet und schwer
beladen.

HERODES:
Na, dann sollen sie mal auftreten. *(geht an die Tür)* Herein, meine
Herren. Seid aufs Herzlichste willkommen in meiner bescheidenen
Hütte!

DIE KÖNIGE:
Seid gegrüßt, großer Herodes, und habt Dank für eure selbstlose
Gastfreundschaft.

HERODES:
Seid ihr gut untergebracht, ihr und euer, ähm, wertvolles Gepäck?

ALI KASPAR:
Alles bestens, danke. Wir bleiben aber nicht lang. Wir möchten, wie
ihr ja wisst, den neuen König der Juden aufsuchen und ihm unsere
Aufwartung machen.

BEN BALTASAR:
Ja, ein bisschen schleimen möchten wir!

JUSSUF MELCHIOR:
Geh, Ben Balthasar, du musst wirklich noch am Ausdruck feilen!

ALI KASPAR:
Wir haben seinen Stern gesehen und sind ihm nachgereist bis
hierher nach Jerusalem. Wisst ihr vielleicht, wo der König logiert?
Es ist heller Tag, wir haben den Stern aus den Augen verloren
(stößt Ben Balthasar ärgerlich an) und haben, zugegeben, etwas
Orientierungsschwierigkeiten...

BEN BALTASAR:
Was soll ich machen! Er hat die Leine durchgebrannt und ist dann
abgehauen!

HERODES:
Ihr könnt euch sicher vorstellen, dass der neue König <u>hier</u> zur Welt
gekommen ist. Wo denn sonst? Das ist doch das passende
Ambiente für einen Thronfolger *(lacht hämisch)*. Nur das Beste für
den König! Ich führe euch gleich zu ihm, persönlich, wenn ihr
erlaubt.

ALI KASPAR:
Das Kind ist hier? Ein Wunder! Dann hat unsere Suche endlich ein
Ende!

JUSSUF MELCHIOR: (*nachdenklich, in einem Büchlein blätternd*)
Jerusalem, Jerusalem. War das nicht Bethlehem? Soll sich einer
mit diesen arabischen Ortsnamen auskennen. Wahrscheinlich
haben die Römer wieder einmal alles umgetauft, wie das so ihre
Art ist. Da müsste mal einer die Toponomastik regeln, sonst haben
wir in zweitausend Jahren noch das Problem!

ALI KASPAR:
Herodes, wir sind seit vielen Wochen unterwegs und haben große
Strapazen auf uns genommen, um das Wunderkind zu sehen.
Erlaubt uns nur noch, die Schätze zu holen, die wir als Geschenke
mitgebracht haben.

HERODES:
Tut das, meine Herren, tut das *(reibt sich heimlich die Hände)*. Ich
will euch da keineswegs aufhalten!

*(Die Könige gehen Im Hintergrund hört man die Klänge einer
Orchesterprobe).*

Auftritt eines Violinisten:

VIOLINIST:
Verzeiht, Herr, aber wir haben Probleme mit den Flügeln. Der
Kleber lässt aus.

DIENER1:
Ich sag's ja immer, dass der Umwelt-Uhu nichts taugt. Nimm den
Tischlerleim. Der hält!

VIOLINIST:
Könnte uns einer eurer Diener…

HERODES:
Macht nur schnell, Hauptsache schnell! *(stellt sich vor einen
Spiegel und macht sich an seiner Krone zu schaffen)*

DIENER1:
Hast du immer noch die Turnschuhe an? Was wird im jüdischen
Himmel getragen? Nun? Sandalen, das weiß doch jeder!

VIOLINIST:
Tschuldigung. Hab meine Sandalen nicht dabei. Dann geh ich halt
barfuß. Damit falle ich nicht auf.

DIENER1:
Na dann! Sag's den anderen. Dass mir ja kein Schnitzer passiert!
Es geht hier schließlich

ALLE:
Um die Wurst!

Vorhang

6. Bild

Bei der Krippe

(Es wird geblasen und jubiliert. Ein Stern hat nur einen Flügel, ein anderer trägt ein weißes Kleid mit der Aufschrift „Geschenk von König Herodes". Das Kind schreit und schwenkt einen Teddybären, Josef arbeitet an der Laterne, Maria feilt die Fingernägel.)
*Aufschrift über der Krippe: **Weihnachtskrippe (leicht gebraucht).** Auf der Seite ein Kassenhäuschen. Aufschrift: Kasse. Rabatt für Familien. Geschenke an den kleinen Judenkönig bitte hier. (Pfeil zu einem Korb).*

<u>Requisiten:</u>

Teddybär, Nagelfeile, Laterne, Puppe (weiblich), Pamperpackung, Goldklumpen, Kästchen für Weihrauch und Myrrhe, Bibel, ein paar Bälle, Korb, Kassenhäuschen, Schilder.

Personen:
Ali Kaspar
Jussuf Melchior
Ben Balthasar
Diener1
Diener2
Herodes
Maria
Josef
Kind, weiblich (Puppe)
Stern Halley

(Auftritt der Könige)

JUSSUF MELCHIOR: (ergriffen, kniet nieder)
Schaut, das Kind!

BEN BALTHASAR:
Oh, der König der Juden! Aber wo hat er denn seine Krone? Alles,
was er hat, ist ein Teddybär! Ich hab gemeint, jüdische Könige
kommen mit einer Krone zur Welt?

ALI KASPAR:
So ein süßer Bengel! Killikillikilli!!!

HERODES:
Nicht wahr? Das hat sie, äh, er, von mir. Eindeutig.

ALI KASPAR:
Von euch?? Wie das, Kollege Herodes?

HERODES: (verlegen) Nun ja, gewissermaßen. Sozusagen.
Irgendwie, halt. Weitschichtig. Wir sind ja beide königlichen
Geblüts…

(Die Könige knien nieder und holen die Geschenke hervor)

ALI KASPAR:
Seht, was wir euch mitgebracht haben: Gold –

HERODES:
Oooooo!

JUSSUF MELCHIOR:
Weihrauch –

HERODES:
Uuuuuuuuuuu!

BEN BALTHASAR:
Myrrhe.

HERODES:
Wow!

Alle stehen ergriffen da. Josef und Maria bedanken sich bei den Königen.

ALI KASPAR: (schnüffelt)
Was ist mit deiner Myrrhe, Balthasar? Ist der Schimmel hinein gekommen?

BEN BALTHASAR:
Wieso, was ist? Was hackst du auf meiner Myrrhe herum?!

ALI KASPAR:
Ja, riechst du denn nichts? Das riecht so, so…

JUSSUF MELCHIOR:
…faulig. Beinahe ekelhaft.

ALI KASPAR:
Entschuldige, kleiner König der Juden, normalerweise haben unsere Geschenke keinen so strengen Geruch. Ach, Balthasar, hast du deine Myrrhe wieder im Ramschladen gekauft? Da kann man keine Qualität erwarten!

MARIA:
Ach, meine Herren, das ist etwas Anderes, *(lacht),* etwas, etwas Menschliches… *(sie wickelt das Kind aus).* Durchfall, wisst ihr? Ich glaube, die hat eine Laktose-Unverträglichkeit. Jüdische Kinder vertragen keine arabische Milch. Aber das haben wir gleich. Josef, die Pampers.

ALI KASPAR:
Die? Die? Die Frau hat ein Problem mit den Personalpronomen! ER muss das doch heißen! ER! Komischer Dialekt!

BEN BALTHASAR: (hell entsetzt)
Da, da, da, Kaspar, Melchior, sehr ihr das auch nicht, was ich nicht sehe?? Da schaut doch.

JUSSUF MELCHIOR:
Ach, Balthasar, musst du das nackete Kind denn so ungeniert anglotzen? Ein bisschen mehr Schamgefühl wäre schon ange-bracht! Wir leben doch nicht im einundzwanzigsten Jahrhundert!

ALI KASPAR:
Was ist, Balthasar, ist dir nicht gut? Wird dir von deiner eigenen Myrrhe schlecht?

BEN BALTHASAR:
Nnnein doch, das Kind. Es fehlt ihm was.

ALI KASPAR (ungeduldig)
Wissen wir doch. Durchfall! Es hat Durchfall, hast du das noch nicht verstanden! Durchfall wegen der arabischen Milch. Die Scheiß halt.

BEN BALTHASAR:
Was Scheiß! Das meinte ich nicht. Dem Bub fehlt was Wichtiges! Schaut doch selbst. Da fehlt doch ein entscheidendes Teil, wenn ich richtig informiert bin. Der Bub ist irgendwie unvollständig, kommt mir vor. Da da! Oder schauen die göttlichen Buben anders aus??

JUSSUF MELCHIOR:
Donnerwetter, so ein Ding! Da haut's einen um! Der König der Juden ist doch tatsächlich eine -

ALI KASPAR:
… eine Königin…! Da stimmt doch was nicht. (*kramt ein Buch hervor*). Laut Lukasevangelium ist das anders. Geschlecht: eindeutig männlich (*blättert in der Bibel*).

BEN BALTHASAR:
Sag ich ja! Aber mich gleich beschuldigen, dass ich nicht weiß, wie ein Bub ausschaut! Ich weiß das schon. Ich hab schon einmal einen gesehen! Aber vielleicht sollten wir zur Sicherheit bei Wikipedia nachschauen. Da wird's bestimmt erklärt.

JUSSUF MELCHIOR:
Herodes, kannst du uns das erklären??

HERODES: (verlegen, beschwichtigend)
Ach was, männlich, weiblich, weiblich, männlich. Wo ist da der Unterschied? Ich meine, im Wesentlichen. Es geht hier doch um etwas viel Größeres, Erhabeneres. Ich würde sagen, wir sollten doch wirklich nicht so kleinlich sein. Schließlich geht es ja um die Wurst, nicht?

ALI KASPAR:
Nein, mein Lieber, das ist nicht OK. Maria, Josef, wer seid ihr überhaupt, ihr zwei? Und ist das wirklich euer Kind? Mir kommen da verschiedene Zweifel. Verschiedene Zweifel kommen mir da. Das ist hier alles viel zu glatt gelaufen. Wisst ihr was? Man hat uns gelinkt. Man hat hier etwas inszeniert. Und wir sind darauf reingefallen! (*Kaspar und Melchior packen die Geschenke ein*)

JUSSUF MELCHIOR (geht zum Fenster)
Seht doch, da, unser Stern! Er haut schon wieder ab und zieht hinaus aufs Land. Ben Balthasar, du hast die Leine ja schon wieder nicht fest genug angebunden!

BEN BALTHASAR:
Wisst ihr, was ich mitmache mit dem Stern?! Der will nichts wie
weg! Andauernd schickt er Blinksignale in den Himmel und stöhnt
was von einer TICHY. Ein komischer Stern ist das. Ich tät den
umtauschen.

ALI KASPAR:
Ach was, Ben! Kommt, Kollegen, nichts wie weg hier und ihm nach.
Kommt, wir folgen ihm, er hat uns bisher im Wesentlichen den
richtigen Weg gezeigt.

JUSSUF MELCHIOR:
Hier haben wir nichts mehr verloren.

MARIA (*zu Josef*):
Dabei ist die Gage auch noch saumiserabel!

HERODES: (laut, weinerlich)
Das ganze Theater umsonst! Der Aufwand! Was das kostet! Wo
sind die Verantwortlichen?! Wer hat die Patzer verschuldet? Na
wartet, es werden Köpfe rollen!
*(läuft den Dienern nach und versucht, sie mit einem seiner Pan-
toffel zu schlagen. Das Orchester packt ein, das Kind wird einer
Amme gereicht, die Krippe wird von einem Monteur zerlegt, die
Flügel werden in einer Kiste verstaut).*

BEN BALTHASAR: (erstaunt)
Was ist? Was ist los? Wo wollt ihr hin? Wo die Fete gerade erst
angefangen hat. (*er verlässt kopfschüttelnd die Bühne, den Esel
hinter sich herziehend*)

<u>Vorhang</u>

7. Bild

Ankunft beim Stall von Bethlehem

<u>*Personen:*</u>
Ali Kaspar
Jussuf Melchior
Ben Balthasar
3 Hirten
Stern HALLEY
Stern TICHY

(Die Könige ziehen mit ihren Reittieren müde über die Bühne, bleiben stehen und machen Rast. Sternenhimmel.)

<u>*Requisiten:*</u>
Faltprospekt

ALI KASPAR:
Da wären wir doch beinahe auf dieses schäbige Manöver hereingefallen.

JUSSUF MELCHIOR:
Aber schlecht inszeniert war das Ganze nicht, das kann man nicht sagen!

ALI KASPAR:
So ein Lump, dieser Herodes. Wer hätte das gedacht! Der hatte es auf unsere Geschenke abgesehen! Richtig mafiös!

JUSSUF MELCHIOR:
Wenn unser Balthasar nicht gewesen wäre, nicht auszudenken!

ALI KASPAR:
Ja, dann wäre die gesamte Christenheit pink und voller Rüschen.

JUSSUF MELCHIOR:
Alles weiblich, die Pfarrer, Bischöfe, der Papst und so weiter…

ALI KASPAR:
Und was meinst du, wie die Messkleider ausschauen würden!
Immer schön trendy. Und die ganze Sakristei voller Spiegel.

BEN BALTHASAR (hat inzwischen aus dem Fenster geschaut):
Komischerweise ist unser Stern neben dem alten Schuppen dort
gelandet. Was das soll? Ob er defekt ist? Vielleicht der Akku…

ALI KASPAR:
Tatsächlich!

JUSSUF MELCHIOR:
Ich dachte schon, unser Ben hat ihn wieder einmal entwischen
lassen, unseren nervösen himmlischen Wanderführer mit seinem
TICHY-Tick.

HIRTE 1: (kommen eilig dahergelaufen)
Kommt schnell, ihr noblen Herren, der König der Juden ist
geboren!

HIRTE 2:
Dort drüben im Stall, schaut nur!

HIRTE 3:
Kommt doch, wir halten euch das Gatter auf!

HIRTE 2:
Und vergesst den Käse fürs Kind nicht!

HIRTE 1 (*zeigt auf das Kamel*)
He, Noe, schau mal, ist das ein komisches Schaf!

ALI KASPAR:
Wenn das so ist, dann nichts wie hin!

JUSSUF MELCHIOR:
Endlich, endlich sind wir am Ziel!

BEN BALTHASAR:
Ich bin halt immer der Letzte, der kapiert, was los ist. Keiner sagt
mir nie was. Da soll sich einer auskennen. Königin, König, Palast,
Stall. Die spinnen, die Juden. Oder sind's die Araber, die spinnen?
Da soll sich einer auskennen. Vielleicht spinnen außer mir sowieso
alle! Aber was soll's! Der König ist geboren, wie's scheint! Genau
wir's im Prospekt steht: Kommen Sie nach Jerusalem zum
Geburts-Event! steht da (*hält einen Prospekt hoch*).

(Engel singen ihr Halleluja)

*(Die Könige ziehen ab. Dann Scheinwerferschwenk auf den
Bühnenrand vorne links, wo der Stern sitzt. Er seufzt und ist in
trauriger Verfassung. Seine Stirnlampe zeigt ein mattes, kraftloses
Leuchten)*

STERN HALLEY:
So, der Auftrag ist erledigt. Und ich, ich hab meinen Augenstern
verloren. Kein Date, keine TICHY, kein gemeinsames Leuchten
und Glühen. Nichts. Oh, wie ist der Himmel doch trist und
tintenschwarz ohne meine TICHY! Ich werde sie erst in 87
Millionen Jahren wiedersehen können. (*schluchzt*)

STERN TICHY (*erscheint, nähert sich auf Zehenspitzen, hält dem
Stern von hinten die Augen zu*).
Halleylein?

STERN HALLEY:
So, jetzt ist es so weit. Ich bin fix und fertig und höre schon
Gespenster. Burnout. Ausgebrannt bin ich. Total.

STERN TICHY:
Halleylein, ich bin da. Deine TICHY!

STERN HALLEY:
Das gibt's doch nicht! TICHY's Geist!

STERN TICHY:
Nix da, ich bin's. Ich hab ein bisschen am Kurs gefummelt und nun,
schwuppdiwupp!, bin ich da in Bethlehem! Clever, was?!

STERN HALLEY:
Wow! Das ist Weihnachten! Da kann ich gern aufs Kind verzichten,
auf den Ochs, den Esel und die Könige!

BEIDE ZUSAMMEN:
Frohe Weihnachten, ihr Menschenkinder! Und wenn ihr vors Haus
geht und zum Himmel schaut: Da oben fliegen wir beide und
machen Winke-Winke! (*sie verschwinden, der Vorhang fällt*).

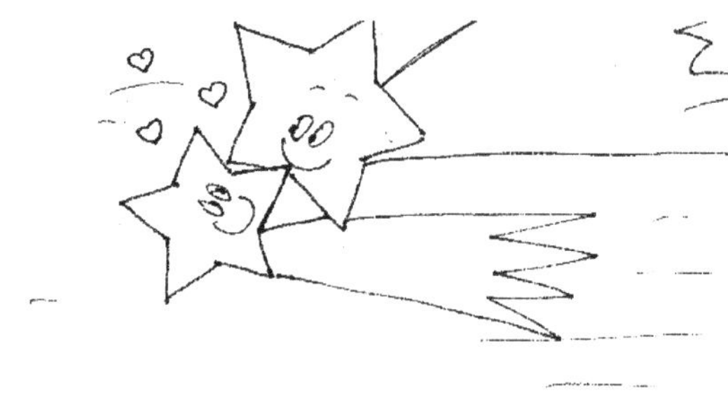

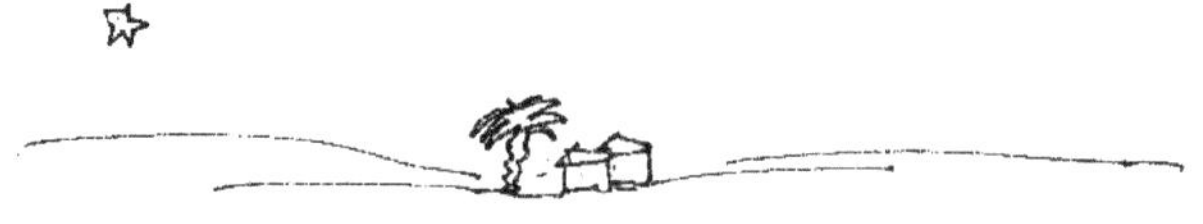

So a Liacht

mittn in der Nocht!

die Weihnachtsgeschichte

perspektivisch erzählt

(teilweise in Südtiroler Dialekt)

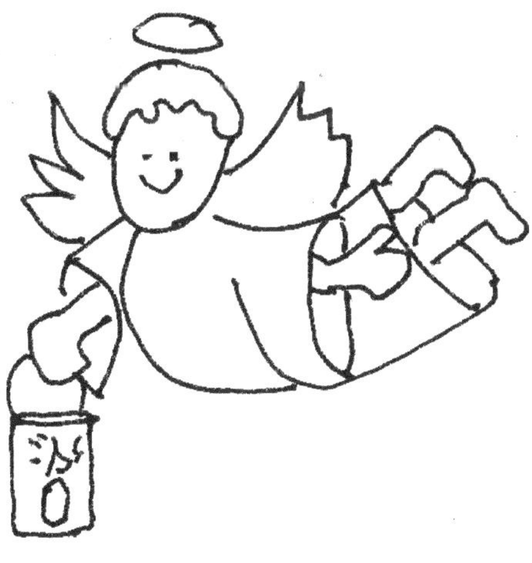

2 Sprecher/innen
Lehrerin
Schüler 1
Schüler 2
Jesuskind (ev. Puppe)
Josef
Maria
Miriam
Judith
Hirte 1

Hirte 2
Soldat 1
Soldat 2
Herodes
Diener der Könige
Diener Herodes'
Kaspar
Melchior
Balthasar

Prolog

(zwei Sprecher/innen, abwechselnd)

Sprecherin 1:
Wir möchten die Schulgemeinschaft herzlich zur Weihnachtsfeier
begrüßen.

Sprecherin 2:
Die Szenen in unserem kleinen Theaterstück sind ruhig und
besinnlich und wollen auf die bevorstehende Weihnacht
einstimmen.

Sprecherin 1:
Die in der Weihnachtsgeschichte handelnden Personen berichten,
was ihnen durch den Kopf und die Seele geht.

Sprecherin 2:
Am Anfang wird ein historischer Rahmen geboten, um die
Ereignisse rund um die Geburt Christi besser in die damalige Zeit
einbetten zu können.

Sprecherin 1:
Unsere Zeitkamera erfasst die Hirten, die im Stall von Bethlehem
versammelten Personen, also Maria und Josef sowie zwei Frauen,
die Maria bei der Geburt des Jesuskindes zur Seite stehen.

Sprecherin 2:
Weiter kommen Herodes vor, die Heiligen Drei Könige und zwei
Soldaten.

Sprecherin 1:
Das Stück dauert eine halbe Stunde.

Sprecherin 1 und 2:
Wir wünschen uns allen eine entspannte Aufmerksamkeit und
danken euch schon jetzt für eure Ruhe und für euer besinnliches
Verhalten.

1. Bild

Der geschichtliche Hintergrund

*Schulklasse bestehend aus 6 Schüler/innen. Lehrer/in fordert zwei
Schüler/innen auf, die Weihnachtsgeschichte nach Lukas
vorzulesen.*

Lehrerin:
Guten Morgen, Kinder.

Lehrer/in:
Wir behandeln in Geschichte gerade die römischen Provinzen, und heute wollte ich auf die östlichen Teile des Römischen Reiches eingehen. Euer Religionslehrer hat gemeint, dass es da naheliegend wäre, auf Palästina und Jesus von Nazareth Bezug zu nehmen, weil ja Weihnachten ist. Gut. Dazu lesen wir heute eine Textquelle, das Evangelium nach Lukas, und untersuchen es dann aus der Sicht der Geschichte.
Wer von euch möchte vorlesen? Ihre Beide? Gut, kommt nach vorne.

Weihnachtsgeschichte nach Lukas

Es geschah zu der damaligen Zeit, dass Kaiser Augustus ein Gesetz veröffentlichte, dass alle Menschen im Römischen Reich aufgeschrieben würden. Diese Schätzung war die erste und geschah zu der Zeit, da Cyrenius Landpfleger von Syrien war. Jeder ging, um sich schätzen zu lassen, ein jeder in die Stadt seiner Herkunft.

Da machte sich auch Joseph aus Galiläa auf den Weg. Er lebte in der Stadt Nazareth, doch da er aus dem Geschlecht König Davids war, ging er in die Davidsstadt Bethlehem, um sich mit Maria, seiner schwangeren Frau, in die dortigen Steuerlisten einschreiben zu lassen.
Und als sie dort waren, bekam sie die Wehen und gebar ihren ersten Sohn, wickelte ihn in Windeln und legte ihn in eine Krippe; denn in den umliegenden Herbergen war kein Platz mehr frei.

Es waren Hirten in jener Gegend auf dem Feld, die hüteten des Nachts ihre Herden. Und siehe, ein Engel trat zu ihnen, und die Klarheit des Herrn leuchtete um sie; und sie fürchteten sich sehr. Der Engel sagte zu ihnen: Fürchtet euch nicht! Seht, ich bringe

euch eine freudige Nachricht. Alle werden davon erfahren, dass
heute in Bethlehem, der Stadt Davids, der Heiland geboren ist,
Christus, der Herr. Und dieses Zeichen gebe ich euch: Ihr werdet
ein Kind finden, das in Windeln gewickelt ist und in einer Krippe
liegt.
Alsbald war da bei dem Engel eine große himmlische Heerschar.
Sie lobten Gott und sprachen: Ehre sei Gott in der Höhe und Friede
den Menschen auf Erden.

Und als die Engel wieder zurück in den Himmel fuhren, sagten die
Hirten untereinander: Lasst uns nach Bethlehem gehen und die
Geschichte sehen, die uns der Herr kundgetan hat.

Und sie fanden Maria und Joseph, dazu das Kind in der Krippe.
Als sie das nun mit eigenen Augen gesehen hatten, erzählten sie
allen von diesem Ereignis und von diesem Kinde in der Krippe.

Maria aber behielt alle diese Worte in ihrem Gedächtnis und
bewegte sie in ihrem Herzen.

Die Hirten kehrten wieder um und lobten Gott um alles, was sie
gehört und gesehen hatten.

(Schüler/innen stellen Fragen zum Evangelium)

Schüler/in 1:
Wie ist das eigentlich, Frau Lehrerln. Ich kann mir das nie so richtig
vorstellen. Jesus ist doch in Bethlehem geboren. Nazareth,
Bethlehem. Wie geht denn das zusammen?

Schüler/in 2:
Bethlehem, das ist ja in Palästina, oder?

Lehrer/in:
Ja, stimmt.

Schüler/in 2:
Palästina, das ist ja dort, wo heute der Staat Israel liegt, oder?

Lehrer/in:
Ja. Ungefähr. Im südlichen Teil davon, im damaligen Judäa.

Schüler/in 1:
Ja und, was hat dann der Augustus hier zu tun? Der war doch Kaiser in Rom. Also in Italien.

Lehrer/in:
Wie ihr wisst, waren die Römer drauf aus, ihr Reich Zug um Zug zu vergrößern. Sie sind von Italien aus nach allen Richtungen vorgestoßen und haben ein Land nach dem anderen erobert. Da war für die Römer auch Palästina von Interesse.

Schüler/in 2:
Warum gerade Palästina? War das was Besonderes? Ich habe gemeint, das ist ein einziger Steinhaufen.

Lehrer/in:
Nein nein! Palästina war ein Gebiet, von dem aus Straßen nach Afrika und Asien führten. Und diese wollten die Römer kontrollieren. Sie eroberten Palästina und machten es zur römischen Kolonie. Nun gut, der nördliche Teil, Galiläa, hatte unter Herodes eine gewisse Selbständigkeit.

Schüler/in 1:
Eine Kolonie? Gehört habe ich das Wort schon. Kolonie…

Lehrer/in:
Eine Kolonie heißt, dass ein Volk, zum Beispiel hier die Juden, die bis dahin selbständig waren, nun römische Gesetze befolgen mussten und römischer Verwaltung unterstanden.

Schüler/in 2:
Und was war das mit der Volkszählung? Wollten die Römer genau wissen, wie viele Menschen sie unterworfen haben?

Lehrer/in:
Wahrscheinlich auch. Es ging ihnen aber wohl vor allem darum, alle Berufstätigen zu erfassen, um dann die entsprechenden Steuern einzuheben.

Schüler/in 2:
Vorhin in der Weihnachtsgeschichte hat's geheißen, dass Josef und Maria von Nazareth nach Bethlehem gegangen sind. Warum sind sie nicht in Nazareth geblieben?

Lehrer/in:
Ja, die Beiden haben in Nazareth, das ist ganz im Norden, in Galiläa, gewohnt. Nun, an dieser Stelle wissen wir jetzt nicht genau, was Geschichte ist und was Heilsgeschichte.

Schüler/in 1:
Heilsgeschichte?

Lehrer/in:
Man muss sich vorstellen, dass Lukas die Weihnachtsgeschichte einige Jahrzehnte nach dem Tod von Jesus aufgeschrieben hat und glaubte, dass Josef aus der Verwandtschaft König Davids stammte. Und die Nachkommen Davids lebten rings um Bethlehem. Der Erlöser sollte nach der Bibel ja aus dem Hause und Geschlechte Davids stammen. Deshalb ging er davon aus, dass Josef sich in Bethlehem aufschreiben lassen musste.

Schüler/in 2:
Und Jesus ist also deswegen in Bethlehem geboren.

Schüler/in 1:
Und nicht in Nazareth.

Schüler/in 2:
Ich habe da noch eine Frage.

Lehrer/in: Ja, bitte?

Schüler/in 2:
Da war doch auch eben dieser Herodes.

Lehrer/in:
Ja, der hatte die Befehlsgewalt über Galiläa, wo auch Nazareth liegt. Und der hatte wohl Angst, dass ihm ein neuer König der Juden die Herrschaft wegnehmen würde. In der Bibel steht das ja.

Schüler/in 2:
Das kann ich verstehen.

Lehrer/in:
Nach dem Evangelisten Matthäus kam Herodes durch die drei Weisen aus dem Morgenland auf diese Gedanken. Die hatten ihn angeblich nach einem neuen König der Juden gefragt. Sie glaubten, der wäre als Königssohn sicher in Herodes' Königspalast geboren. So stellte man sich das wohl später vor.

Schüler/in 1:
Ach so.

Lehrer/in:
Und daraus ist die Geschichte mit den unschuldigen Kindern entstanden.

Schüler/in 1:
Unschuldige Kinder? Das habe ich noch nie gehört.

Lehrer/in:
Angeblich ließ Herodes daraufhin alle männlichen Erstgeborenen
in seiner Herrschaft umbringen, um damit auch das Jesuskind zu
beseitigen. Die waren doch unschuldig, nicht?

Schüler/in 2:
Das ist ja brutal. Wahnsinn. Alle umbringen!

Lehrer/in:
Wenn's wirklich geschehen wäre, wäre es tatsächlich unfassbar
brutal.

Schüler/in 1:
Ach deswegen die Flucht nach Ägypten!

Lehrer/in:
Ja, genau.

Sprecher/in:

Nachdem wir nun einiges über die Geschichte und die Heilsgeschichte gehört haben, laden wir euch zu einem Besuch in Palästina zurzeit der Geburt des Jesuskindes ein. Wir haben uns dabei
vorgestellt, wie es den einzelnen Beteiligten in dieser Geschichte
gegangen sein mag und versuchen, ihre Gedanken und
Stimmungen in ihren Rollen auszudrücken.

2. Bild

Hirtenszene

Bühne: In der Mitte die Krippe mit Kind, Josef, Maria, Miriam und Judith, zwei Hirten, Soldat, Herodes. Scheinwerfer auf die Hirten am linken Rand der Bühne.

Hirte 1:
Wos ischen des iaz gwesn? Schpinn i?

Hirte 2:
Koane Ohnung. So a hells Liacht mittn in der Nocht. Des gib's normal net!

Hirte 1:
Und a Stimme hon i a keart. Lei honni nix verstondn. Des isch jo direkt unhoamlich.

Hirte 2:
De Stimme honn i a keart und i hon a verschtondn wos si gsog hot. Ausgerechnt: „Fürchtet euch nicht!" Und eppas von an „Heiland ist geboren".

Hirte 1:
Heilond. Wos ischen a Heilond? Hosch des schun amol keart? Heilond…

Hirte 2:
Na. Woaß i a net. Ober wenn er geborn isch, der Heilond, werds woll a Kind sein.

Hirte 1:
Wegn dass a Kind geborn wird, werd normalerweis net a so a Wirbl
gmocht.

Hirte 2:
Vielleicht ischs a bsunders Kind?

Hirte 1:
Sell muaß woll sein.

Hirte 2:
Und einglodn hot ins de Stimme zu an Schtoll zu gian. Zu an Kind!

Hirte 1:
Ins? Des isch woll komisch, wenn's a bsunders Kind isch, dass do
ausgrechnt mir zwoa einglodn werdn. Mir sein jo lei zwoa gonz
normale Hirten. Und fa Kinder verschtea i nix. Va Schof schun.
Ober fa Kinder?

Hirte 2:
Jo wos tian mern iaz? Gian mer hin? Schlofn konn i iaz sowieso
nimmer.

Hirte 1:
I a net. Und neigierig bin i a gwortn.

Hirte 2:
Wenn mer do hin gian, miaßmer ober a wos mitnemmen. Sell keart
si oanfoch.

Hirte 1:
Kenn mer jo. A Fell zum Drauliegn firs Kind und a Decke zan
Zualuckn. A Kondl Milch und an Kasloabn fir die Eltern, de brauchn
a wos, sein sicher net reich, wenn ihr Kind in an Schtoll af di Welt
kemmen isch. Und an holbn Loabn Brot homer a no, mir kennen
ins jo wieder oans mochn.

Hirte 2:
Du, de Schof sein a gonz unruhig und gonz komisch. De schaugn
olle in die gleiche Richtung.

(Pause)

Hirte 2:
Iaz isches do hintn af oanmol so hell, wo die Schof hinschaugn.
Des isches gleiche Liacht wia davor.

Hirte 1:
Kimm, pockmer zomm und nor gianmer.

Hirte 2:
Isch des aufregend.

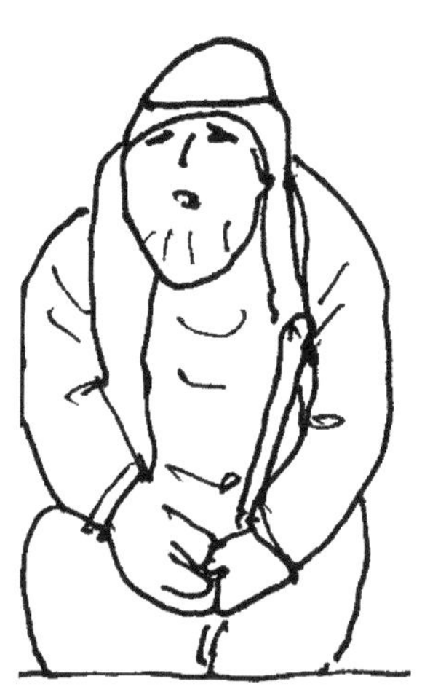

3. Bild

Krippenszene

2 Frauen: Miriam und Judith, Josef, Maria, Kind
Scheinwerfer auf die Bühnenmitte

Miriam:
Mir gian iaz, gell, und lossn enk.

Judith:
Do hintn sein no a poor truckene Tiacher und a Kruag mit Wosser.

Maria:
Danke. I bin jo so froa, dass es mit ins gongen seid und den Schtoll gewisst hobs. I woaß gor net, woas mir ohne enk getun hettn.

Miriam:
Des isch jo woll selbschtverschtändlich, dass man a Frau in de Umschtänd weiterhilft. Mir Fraun miaßn zummholtn.

Maria:
Na, selbschtverschtändlich isch es net. Bevor mer enk getroffn hobn, sein mer überoll, wo mer um Unterkunft gfrog hobn, verschickt gwortn. Koan Plotz nindersch, olle Bettn belegt.

Judith:
Na guat, sell konn i mer schun vorschtelln. De Heiser af der Strecke fiarn genau ins Zentrum und sein total gfrog. Voll von Herbergn und Schtandln. Wenns net eppas za verdianen gib…

Josef:
Dabei bin i jo aus der Gegnt. A poor hom mi jo von frier gekennt. Ober moansch des hett a Bedeitung kop? I hon gsechn, wia si af dein Bauch gschaug hobn, Maria, als erschts af dein Bauch! Zum Schluss no a Geburt im Haus, hom sie sich woll gedenkt. Des hot koaner rischkiarn gwellt! Do kriagsch amend Schererein, wenn eppas schiaf geat...

Maria:
Ober es boade, es seid oanfoch ohne long ummerzatian mitgongen. Des werd i enk nia mehr vergessn, wia i mi vor enker Haus gsetzt und greart hon und du, Miriam, mir guat zuagret hosch.

Josef:
I donk enk a. I war kesslun gwesn. Honn mer nimmer za helfn gwisst. I honn net damit grechnt, dass di Wehen so schnell kemmen. Es hop wirklich a guats Herz.

Miriam:
Isch schun guat.

Judith:
Mir winschn enk iaz amol a guate Nocht und wenn es wos braucht, es wisst jo, mir wohnen gonz in der Nähe. Der Schtoll gkeart jo za insern Besitz und koaner konn enk do verjogn. Dohoam hobmer leider Gottes koan Plotz. Di gonze Verwondschoft isch ungroast wegen der Volkszählung und jede Kommer sich voll.

Maria:
Wia froa mir um den Plotz sein!

Josef:
Der Sschtoll isch decht a feins Platzl! Schtroa isch do, Hei, die Fuaterkrippe. De isch jo die ideale Wiagn.

Maria:
Und dass es ins a poor Kerzn dolosst! Fein isch des.

Josef:
Enk a a guate Nocht. Und kemmp guat hoam.

Miriam:
Danke, ober des isch heit eh gonz oanfoch. Ba dem Liacht. Iberoll
des Liacht.

Judith:
Mir kimmp iberhaup vor, es konzentriert sich af den Schtoll do.
Komisch. Als schtands genau iber den Schtoll. Des soll oaner
verschtian.

Miriam:
Ob des a Schtearn isch, a bsunders heller?

(sie gehen. Josef geht mit ihnen vor die Tür)
(Pause. Josef kommt zurück)

Josef:
Die Miriam und di Judith sein sowos von nett. Maria, leg di nieder
und i ratsch a bissl mit dir. Oder mogsch liaber a bissl schlofn? I
weck di, wenns Kind auwocht.

Maria:
I bin fix und fertig. *(legt sich nieder)*. Und, wia schaugs draußn
aus? Isch olls ruig?

Josef:
I sog dir, des isch net za fossn! A Helligkeit isch do draußn!
Zuerscht hon in mer gedenkt, des kimmp von Bethlehem ummer,
weil semm isch jo a totale Morktschtimmung. Die Römer feiern des
Saturnfescht iaz wo der Tog umdrahnt. Olls voll Fremde, und
dazwischn die Soldotn. Und nervös sein de!

Maria:
Jo, des wor schun heftig entn in Bethlehem! Ununterbrochn bisch ba jemand ungschtoaßn. Der Krawall! So a Wirbl!

Josef:
Jo, ober der helle Schein isch wos onders. A komisches Liacht. Koan normaler Schtearn, a Fockl oder so eppas. So als tat hinterm Schtoll a mords Fuier brennen. Ober a net. Weil des Liacht isch grellweiß.

Maria:
I kannt net direkt sogn das i mi fircht. Ober heit honni Aufregung genua kopp. I mecht lei mear schlofn. Lei schlofn. Nix als schlofn. Sei so nett und holtmer di Hond, Josef. Und nocher lei schlofn, schlofn, schlofn.

4. Bild

Zwei Soldaten im Gespräch

Soldat 1:
Auch strafversetzt?

Soldat 2:
Logisch. Oder meinst du, jemand geht freiwillig nach Palästina? Bist du vielleicht freiwillig da? Aber als Legionäre können wir uns das ja nicht aussuchen. Das ist ein heißes Pflaster hier! Da braucht's nicht viel, und alles explodiert!

Soldat 1:
Und es wird von Tag zu Tag schlimmer.

Soldat 2:
Wenn diese Volkszählung endlich vorbei ist, wird's wohl wieder ruhig werden. Im Augenblick tritt man sich ja gegenseitig auf die Sandalen.

(Pause)

Soldat 1:
Der Hauptmann sagt, es ist zurzeit besondere Vorsicht geboten.

Soldat 2:
Er meint, wegen dieser Geschichte mit dem, dem Messias?

Soldat 1:
Exakt. Die Leute sehen schon Gespenster. Diese Angst, da könnte jemand kommen, der mächtiger ist als unser Kaiser Augustus. *(verächtlich)* Ein jüdischer König. Dass ich nicht lache!

Soldat 2:
Lächerlich. Was wollen die mit einem Schafhirtenkönig? Uns, den Herren der Welt, Angst machen?

Soldat 1:
Wie auch immer. Wir tun unsere Pflicht und sorgen für Ruhe. Und irgendwann werden wir abgelöst.

Soldat 2:
Genau. Und es wird eh schon langsam Tag.

Soldat 1:
Es ist doch grade erst Mitternacht vorbei!

Soldat 2: Also schon seltsam, so ein Licht mitten in der Nacht. Das ist nicht normal.

5.. Bild

Könige mit Stern

Die Heiligen Drei Könige

Kaspar:
Wia long sein mer iaz schun afn Weg? Du, Melchior, fiarsch jo ein Fohrtnbuach. Schau amol noch.

Melchior: (kramt, blättert)
Dreiaholb Wochn.

Balthasar:
Dreiaholb Wochn nix als Sond.

Kaspar:
Und zwoa Oasn.

Melchior:
Und olleweil der Schtearn. I hon schun an schteifs Gnagg vom schtändign Auischaugn.

Balthasar:
Ob mer ins des mitn Stearn net lei einbildn?

Melchior:
Miar werdn ins woll net olle drei in gleichn Schtearn einbildn.

Balthasar:
Sell isch woll efter, dass sich oaner wos einbildet und plötzlich
glabns olle, wos oaner sich einbildet.

Melchior:
Konns sein, dass du so komisch daherredesch, weil miad bisch? I
jednfolls foll glei um vor Miadigkeit.

(Pause)

Balthasar:
Schauga mol, des do hintn, der Schein. Des miaßat Bethlehem
sein.

Kaspar:
Der Schtearn ziag genau in de Richtung. Heit a Schlofplotz in a
Karawanserei. Des war's.

Melchior:
Di Bequemlichkeit isch nett s Wichtigschte! Miar hobm an Auftrog
zu erfülln. Mir suachn den nuin König der Judn. Deswegn sein mir
do.

Balthasar:
Der Schtearn isch glei weg. Nix wia hintnnoch, sischt verliarn mirn.

6. Bild

Herodes und die Könige

Herodes, Diener und die Könige: Kaspar, Melchior, Balthasar

Diener des Herodes:
Herr, drei Besucher bitten um Audienz.

Herodes:
Was sind das für Leute?

Diener des Herodes:
Ich weiß nicht. Wenn sie miteinander reden, verstehe ich kein
Wort. So ein Dialekt aus dem Osten. Jedenfalls sind sie vornehm
gekleidet und haben ein edles Benehmen. Außerdem ist eine
ganze Schar Diener mit dabei.

Herodes:
Führ sie herein und hole Datteln und Milch.

(die Könige treten auf)

Herodes:
Seid gegrüßt, edle Herrn! Macht es euch auf den Kissen bequem.

Kaspar:
Mir donkn enk, Kinig Herodes, dass Es ins empfong.

Herodes:
Was? Was ist? Ich versteh kein Wort! Redet Latein. Das ist ja
unerhört! Ihr steht hier auf imperialem Boden!

Kaspar:
Ihr habt selbstverständlich wie immer Recht, König, entschuldigt!
Wir danken euch für Euren freundlichen Empfang.

(setzen sich, Pause)

Melchior:
Wie Ihr seht, sind wir schon weit gereist. Verzeiht unsere
Ungeduld. Wir brauchen dringend Eure Unterstützung.

Herodes:
Was ist Euer Anliegen, Ihr Herren aus dem Morgenland?

Balthasar:
In unserer Heimat weit von hier ist uns ein Stern erschienen.

Herodes:
Meine Astronomen haben auch ein ungewöhnlich helles Gestirn
beobachtet. Ist was Besonderes damit?

Kaspar:
Uns wurde geweissagt, dass dort, wo der Stern sich niederlässt,
ein König geboren wird.

Herodes:
(erschrickt) Ein König? Davon weiß ich nichts. Also hier kann das
nicht sein, hier bin ich der König. *(denkt nach und tut so, als ob er
sich besinnen würde).* Ich kann euch da wohl nicht helfen. Aber
wenn ihr den neugeborenen König findet, lasst es mich wissen,
damit auch ich ihm Ehre erweisen kann.

Diener der Könige (tritt auf, hastig):
Hehre Fürsten, der Stern ist wieder zu sehen!

Kaspar:
Dann lasst uns gleich aufbrechen und nichts wie hinterher! Habt
Dank, König, und vergebt uns unsere Eile.
*(Diener des Königs erscheint mit Milch und Datteln, die Könige sind
aber schon fort)*

Kaspar:
Moment einmal, mir fällt's wie Schuppen von den Augen!

Melchior:
Was? Was für Schuppen denn??

Kaspar:
Jetzt verstehe ich meinen Traum von neulich, erinnert ihr euch?

Balthasar:
Wo du so aufgeschreckt bist? Dich dann aber an keinen Traum
erinnern hast können?

Kaspar:
Ja genau. Und jetzt erinnere ich mich! Genau dieser Palast, und
dieses Gesicht! Und dann die dringliche Warnung von irgendwo
her, diesem König nicht zu trauen und seiner Bitte nicht
nachzukommen.

Melchior:
Was ist das gut, dass dir der Traum jetzt einfällt!

Balthasar:
Wir werden diesem König, wenn wir überhaupt an ein Ziel
kommen, kein Sterbenswörtchen sagen!

(Pause, Melchior lacht vor sich hin):
Wisstes, wos i luschtig find? Dass mer iaz schun Lateinisch
mitanond redn! Die Römer hobm a Talent, di gonze Welt za
romanisiern.

Kaspar:
Iaz glab i's! Schtimmp!

7. Bild

Auftritt der Hirten

Josef, Maria, zwei Hirten

Josef:
Du, Maria.

Maria:
(wacht auf): Jo, isch eppas passiert? Wos ischn mitn Kind? Hot's
Kind eppas?

Josef:
Na na, sei gonz ruhig, Maria. Olls isch in beschter Ordnung. Inser
Kind hot an Schlof, des gipps net. Na, hearsch net? Do kimmp
jemand. I schau amol noch.

(geht aus dem Stall)
(zu Maria):
Des sein Hirten. Und Schof sein a dabei.

(zu den Hirten):
Kemmp es zu ins? Mir sein Maria und Josef aus Nazareth. Oder suacht es jemand ondern?

Hirte 1:
Wenn do an Kind isch in dem Schtoll, a nuigeborenes, donn sein mer richtig. Nocher kemmen mir za enk.

Josef:
Jo, des isch totsächlich der Foll!

Hirte 2:
Und des Liacht iber enkerer Hittn, isch enk des nett aufgfolln? Der Schtoll isch jo hell beleichtet. Den sigsch va Weitn.

Josef:
Jo, schun… Nocher kemmp einer, ober bitte net za laut! Des Kind, von dem es red, schloft grod so schian. Und die Mama isch erschöpft.

Hirte 1:
Na na, mir welln niamand derschreckn! Miar sein jo selber total erschrockn, wia mittn in der Nocht plötzlich a Liacht erschienen isch, wia ausm Nichts, und mittn ausm Liacht hot a Schtimme zu ins geredet!

Hirte 2:
„Friede den Menschen auf Erden! Euch ist ein Kind geboren, Christus, der Herr. Und das wird euch zum Zeichen sein: Ihr werdet ein Kind finden, das in Windeln gewickelt ist und in einer Krippe liegt". So a gewoltige Schtimme hon i no net keart! Wahnsinn.

Hirte 2:
Und donn hot a himmlischer Chor gschpielt. I bin grennt!

Hirte 1:
Do denksch nix und sinniersch vor di hin. Und donn af oanmol des.

Josef:
Kemmp einer, kemmp.

(Hirten treten ein)

Hirte 2:
Mir welln net long schtearn, bleib liegn. *(sie gehen zur Krippe)* Isch
des a netts Poppele! Schau, wias im Schlof lächlt. Es tramp woll.

Hirte 1:
Mir hobn enk eppas mitgebrocht, s'isch jo kolt. A Fell zum
Draufliegn und a Decke zum Zuadeckn.

Maria:
I bin iaz gonz verlegn. Zerscht sein mer überoll weckgjog worn, und
iaz des! Es hopp beschtimmp selber net viel und seid so freindlich.

Josef :
Des Fell und di Decke nemmen mir sehr gearn. De kennen mir
guat brauchn!

Hirte 2:
Fir enk Groaße hobm mir do no Milch, Kas und Brot.
Selbergmocht!

Josef:
Des isch jo wia Weihnochtn! Selche Gschenke!

Maria:
Mir kennen enk gor nix unbiatn außer a Wosser. Es isch gonz
sauber.

Hirte 1:
Sell nemmen mir gern.

Josef:
Es schaug asou aus, als ob es von weiter her kemmp. Megs enk
net do herlegn firn Rescht der Nocht?

Hirte 2:
Sell isch gonz fein. Und folls wos isch, kennen mir enk a beschitzn.

(Josef schaut kurz vors Haus, kommt zurück. Zu sich:)

Josef:
Des Liacht isch olleweil no do. Und foscht kimmp es mir so vor, als
ob a feine Melodie spielen tat.

(Trompete spielt: Stille Nacht)

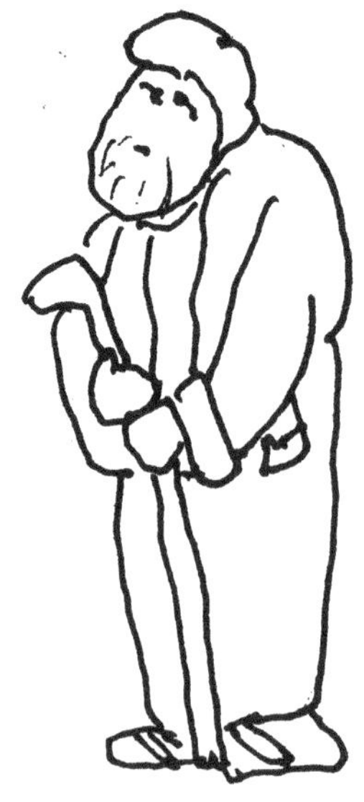

Weihnachtsspiel

von der getürkten Erlöserin

Eine weihnachtliche
Verwechslungskomödie

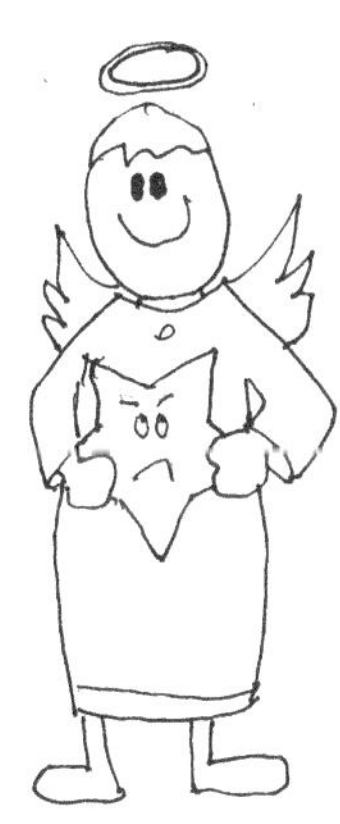

1. Bild

Personen:
Mara
Jussuf
ein Hirte

Dünen, Berge, Sternenzelt. Im Hintergrund Lichter einer fernen
Stadt

MARA:
Jussuf, Siehst du, da drüben die Lichter von Bethlehem?

JUSSUF:
Seh ich. Da drüben geht's hoch her heute Abend. Die Römer sind
wieder einmal beim Feiern.

MARA:
Ja, sie feiern jeden Monat irgendwas. Was ist es denn diesmal?

JUSSUF:
Die Volkszählung. Die feiern sogar die Volkszählung, und das
noch, bevor das Ergebnis herausgekommen ist.

MARA:
Das Ergebnis ist sowieso frisiert. Da wird halt herauskommen, dass
die jüdische und die arabische Bevölkerung glücklich sind, von den
Römern beherrscht zu sein, dass alle zufrieden sind und dass es
den Leuten, den Eseln und den Schafen gut geht.

JUSSUF:
Gott sei Dank interessieren uns die Katasterangaben nicht, weil
wie eh nichts haben. Es ist schon mühsam genug, den ganzen
Rest von dem Formular auszufüllen, und noch dazu auf teurem
Papyrus und in Latein.

MARA:
Ob der Herodes alle seine unehelichen und außerehelichen Kinder
auch mit angibt?

JUSSUF:
Wen kümmert das schon! Wir werden unseren Sohn schon richtig
angeben. Ali soll er heißen, wie sein Großvater.

MARA:
Langsam langsam, noch ist nicht heraußen, ob es überhaupt ein
Bub wird.

JUSSUF:
Na, dann wird's halt eine Gitsch (ein Mädchen). Hauptsache es ist
gesund.

MARA:
Ja, gesund ist das Wichtigste. Und wenn wir ein Dach übern Kopf
haben bei dem Ereignis, ist das auch nicht schlecht.

JUSSUF:
Also, die römische Geburtenabteilung im Krankenhaus ist nicht
drin. Du kennst ja unsere Ressourcen. 3 As habe ich noch, das
reicht höchstens für ein, zwei Übernachtungen in einem Stadel.

MARA:
Ich mache dir ja keine Vorwürfe. Die Römer haben unsere
Wirtschaft ruiniert, das ist es.

JUSSUF:
Und ich, ich habe meine Arbeit verloren. Ich weiß nicht aus noch ein! Die Römer haben ihre Sklaven mitgebracht, keine Arbeit mehr für einen ehrlichen, tüchtigen Gepäckträger.

MARA:
Aber die Juden haben sich ganz gut arrangiert mit den Römern. Von denen hat kaum einer die Arbeit verloren. Sie geben einfach dem Kaiser, was des Kaisers ist, und schon sind die Besatzer zufrieden.

JUSSUF:
Ist schon so. Für uns Araber ist hier bald der Ofen ganz aus. Wenn ich nur eine Arbeit finden würde, ein paar Stunden am Tag, soviel, dass ich uns und unsern Sohn durchbringe.

MARA:
Schau, Besuch.

HIRTE *(nähert sich langsam der Hütte):*
Na was ist? Wird hier Trübsal geblasen?

JUSSUF:
Schau selber, eine hochschwangere Frau und keine Arbeit, geschweige denn eine Bleibe für die Nacht.

HIRTE:
Damit kann ich auch nicht dienen. Ich schlafe im Stall bei meinen Schafen, und das kann ich euch nicht zumuten, ich meine dir in deinem Zustand.

MARA:
(zaghaft, mit einem Blick auf ihren Mann). Mir wär's schon recht.

JUSSUF:
Ist das ehrlich gemeint? Wir könnten bei dir übernachten?

HIRTE: *(gönnerhaft)* Warum nicht? Ein paar Geschichten habt ihr
doch sicher auf Lager. Ihr schaut so aus, als wärt ihr viel
herumgekommen. Und wir Araber müssen zusammenhalten.

JUSSUF und MARA:
Großartig, danke! Geschichte haben wir eine ganze Menge. Halt
keine mit happy End.

2. Bild

Jussuf und Mara sitzen mit dem Hirten im Stall.

HIRTE:
Habt ihr schon gehört? Ich war letzte Woche drüben in Bethlehem
um den Römern ein paar Lämmer zu verkaufen. Da war was los!
Der Ort platzt aus allen Nähten. Ich habe so was noch nicht
gesehen. Die römischen Soldaten haben mich zweimal
aufgehalten. Nervös sind die, kann ich euch sagen! Ob meine Frau
schwanger ist, wollte einer wissen. Gutes Arabisch, nichts zu
sagen. Ich bin's nicht, habe ich da gegrinst. Aber der Kerl hat
keinen Humor gehabt und hat mir mit seiner imperialen Sandale
eine getreten. Ich bin dann mit dem Wirt in der Kneipe Zum blauen
Lamm ins Gespräch gekommen. Ein Jude, aber ganz ok. Der hat

gesagt, dass die Rede geht, der Messias würde in diesen Tagen in Bethlehem geboren werden, der König der Juden aus der Familie von König David. Die Juden warten nämlich seit 2000 Jahren auf einen Erlöser, wie sie sagen. Deshalb sind die Römer so nervös. Überall hörst du von diesem Messias reden.

MARA:
Na so was. Messias. Hab schon davon gehört.

JUSSUF:
Die warten auf den Messias, sagst du? Und das soll ein Kind sein, das in diesen Tagen auf die Welt kommt?

HIRTE:
Genau.

(Pause. J. grübelt, steht auf und geht auf und ab)

JUSSUF zu MARA:
Läutet bei dir was?

MARA:
Nein. Sollte es? Ich spüre nur das Kind. Es trampelt gegen die Bauchdecke.

JUSSUF:
Das muss ich mir mal genau überlegen. Ich wittere eine Chance.

HIRTE:
Du meinst – das da – und das andere *(zeigt auf Maras Bauch)*

MARA:
He, lasst meinen Bauch aus dem Spiel.

JUSSUF und der HIRTE (lachen): Geht leider nicht. Dein Bauch spielt sogar die Hauptrolle.

JUSSUF: Hilfst du mir?

HIRTE:
Wir ziehen die Sache gemeinsam durch. Keine Frage. Wir Araber
müssen zusammen halten, wenn es gegen die Römer geht. Oder
gegen die Juden. Wir machen halbe-halbe. Abgemacht?

JUSSUF:
Klar. Wir liefern das Kind, du den Stall.

HIRTE:
Und die Effekte besorgen wir gemeinsam. Ich habe noch ein paar
Kollegen, die bestimmt mit von der Partie sind.

JUSSUF:
Gratis?

HIRTE:
Gratis.

MARA:
Wie, was ist mit meinem Bauch? Wieso Hauptrolle?

3. Bild

Ein paar Freunde unseres Hirten sind dabei, den Stall mit Lichtern und einer Lautsprecheranlage zu verkabeln.

MARA:
Ich weiß nicht, ich bin dagegen. Besser arm und ehrlich, als…

JUSSUF:
Schnickschnack. Das, was wir vorhaben, tut doch keinem weh! Wir kassieren ein paar Geschenke und flüchten nach Ägypten.

MARA:
Oje, die Aufregung! Ich glaube, meine Wehen setzen ein!!

HIRTE:
He Jussuf, wie gefällt dir das? (*Schaltet herum und Stroboskoplichter blitzen auf*). Nur gut, dass hier eine römische Stromleitung vorbei führt. Unbewacht. Da kannst du dich gratis bedienen! Meinen Hüterzaun betreibe ich schon seit Jahren mit römischem Strom und das Waser hole ich mir ausm Aquädukt.

JUSSUF:
Wow!

(*Drüben aus Bethlehem hört man flotte Marschmusik*).

HIRTE:
Und warte, jetzt noch das. (*Lautsprecherstimme dröhnt*): Ich verkünde euch – *krächz* – eine groooße Freude – *krächz* –

JUSSUF:
Nicht zu laut, sonst stürmen die Fans jetzt schon daher.

MARA: (*stöhnt*)
Auauau, die Wehen!

JUSSUF:
Leg dich in den Stall aufs Heu, ich komme gleich nachsehen.

HIRTE:
Schau, dass du zu deiner Frau gehst. Wir machen das hier schon!
Wenn's soweit ist, rennst du, Ali, hinüber nach Bethlehem und
sagst zum Wirt vom Blauen Lamm, dass es soweit ist. Klar?

ZWEITER HIRTE:
Alles klar. (*lacht und reibt die Hände*).

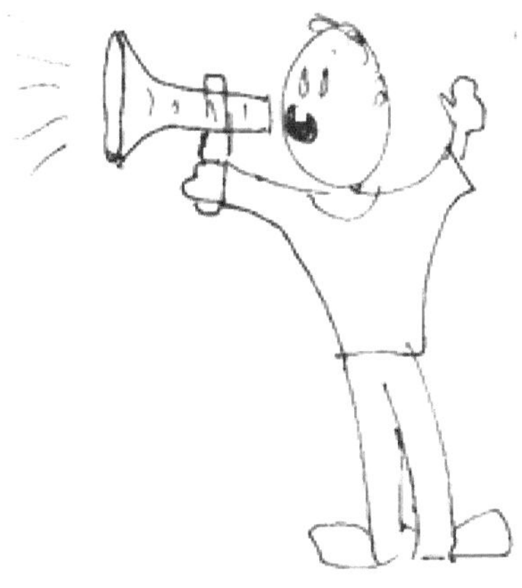

4. Bild

Personen:
Mara
Jussuf
Der Hirte
Ali, ein weiterer Hirte
4 weitere Hirten
3 Besucher
einige weitere Besucher
Lautsprecherstimme

Mara liegt im Heu, ein Kind liegt in der Krippe und plärrt. Ochs und Esel schauen zu.

Der Hirte ist mit der Technik beschäftigt.

JUSSUF:
Gott sei Dank, die Geburt ist reibungslos verlaufen.

HIRTE (aufgeregt):
Ali, lauf.

ALI: Bin schon weg.

HIRTE:
Dumm halt, dass es ein Mädchen ist.

MARA (selig):
Was dumm? Ich hab mir immer schon ein Mädchen gewünscht.

HIRTE:
Wie auch immer: Jetzt geht's los. (*schaltet ein und die Maschinerie geht los*)

HIRTEN:
Toll! Krass! Fetzig! Der Hammer! Geiler Wüsten-Rock!

JUSSUF:
Wenn das kein Event ist!

LAUTSPRECHERSTIMME (quäkend):
Friede den Menschen auf Erden!

Besucher kommen. Geräusch ankommender Autos und Busse.

Dürfen wir herein?

JUSSUF:
(*hält die Kasse*) Natürlich. Kommt herein, kommt herein! Der Messias liegt da drinnen. Kommt nur, kommt und freut euch mit uns!

(*Die Leute aus Bethlehem liefern alle möglichen Geschenke ab und staunen. Manche knien nieder. Draußen jubiliert die Lautsprecheranlage. Alle sind ehrfürchtig und ergriffen. Ochs und Esel kauen. Da frisst der Ochs die Windel vom Kind. Das Kind schreit. Ein Besucher tritt näher*)

ERSTER BESUCHER:
Schau doch, das Kind friert! Das Stroh ist verrutscht und die Windel ist ab. Da, da. Das gibt's doch nicht! Das ist ein kein Bub! Ein Mädchen ist das! Eindeutig!

ZWEITER BESUCHER:
Der Messias ist kein Mädchen, du Depp. Das ist ein Junge. Das weiß jeder.

DRITTER BESUCHER:
Der weiß nicht, wie ein Mädchen ausschaut.

JUSSUF:
(*versucht die Leute abzulenken*)
Kommt, gehen wir nach draußen den Engelchor anschauen.
Kommt, kommt.

HIRTE: (*von draußen*):
Jussuf was ist? Gibt's Schwierigkeiten? O je, der Strom ist weg.

(*Plötzliche Stille*)

EIN BESUCHER:
Was ist das denn?

Der HIRTE:
Verdammt, wer hat die Engel ausgeschaltet?

JUSSUF:
Au weia!

Das Kind plärrt

*Da ein Funke. Jemand entzündet eine Laterne, während Mara das
Kind wickelt. Er geht zum Kind und ruft erschrocken:*

BESUCHER:
Verrat! Betrug! Ein Mädchen! Das ist doch tatsächlich ein
Mädchen! Da hat der eine da Recht gehabt! Eine Gitsch! Das gibt's
nicht! Halunken seid ihr allesamt!

EIN BESUCHER:
Wir wollen eine Erklärung. Und zwar auf der Stelle!

EIN ANDERER:

Ihr seid nicht einmal richtige Juden! Korrekt?! Mir ist euer Dialekt gleich so merkwürdig vorgekommen. Ausländisch. Seid ihr etwa verkappte Römer? Ist das eine verdeckte Operation? Schämt ihr euch denn gar nicht, ein Kind für eure politischen Zwecke zu missbrauchen!

JUSSUF (*weinerlich*):
Um Himmelswillen, bitte lasst es mich erklären.

EIN PAAR BESUCHER:
Na, dann sag halt. Aber die Wahrheit, kapiert?!

JUSSUF:
Es ist so, dass wir - . Bitte glaubt mir. Wir sind bettelarm und wussten keinen Ausweg. Ich habe meine Arbeit verloren und wir wissen nicht, wie wir den nächsten Tag erleben sollen. Da sind wir auf diese Verzweiflungstat gekommen. Bitte habt Erbarmen und tut uns nichts! Um dieses Kindes willen, tut uns nichts.

BESUCHER (*gerührt, schauen sich gegenseitig an. Tuscheln miteinander*)
Na ja, wir wollen mal nicht so sein. Also, diese Idee!

Alle lachen, zum Schluss auch noch Mara.
Und dann setzt die Lautsprecherstimme wieder ein.

ERSTER BESUCHER:
Toller Sound.

ZWEITER BESUCHER:
Und die Effekte.

HIRTE:
(stürzt herein) zu JUSSUF: Mensch, zieh den Stecker!

JUSSUF:
Alles ist aufgeflogen, hat keinen Zweck mehr.

BESUCHER *(beraten sich in der Ecke)*.
Dann kommt ein Sprecher auf die Familie zu:

SPRECHER:
Wir sind zum Entschluss gekommen, dass ihr die Geschenke behalten könnt. Wir hoffen auf gut nachbarschaftliche Beziehungen zwischen euch Arabern und uns Juden.

JUSSUF und MARA (gerührt):
Wie können wir euch nur danken!

5. Bild

<u>*Personen:*</u>
Jussuf
Mara
Das Kind
Hirte
Besucher
die drei Könige

1. KÖNIG:
(*klopft an die Stalltür*) Was ist denn da los?

2. KÖNIG:
Was feiert ihr denn?

3. KÖNIG:
Zwei Ereignisse gleich in derselben Nacht!

HIRTE:
Was für Ereignis, hoher Herr?

1. KÖNIG:
Na, was! Da seid ihr die einzigen, die nichts davon wissen! Der
Messias ist geboren. Wir kommen gerade vom Besuch.

2. KÖNIG:
Seht ihr den Stern da hinten?

JUSSUF:
Ist mir noch nicht aufgefallen. Ich dachte, es sind die Römer
drüben in Bethlehem, die ein paar Raketen steigen lassen.

3. KÖNIG:
Das ist der Morgenstern! Er steht über dem Stall, in dem das
Jesuskind geboren worden ist.

BESUCHER:
Da haut's dich um! Dieselbe Nacht. Nichts wie hin! Kommt alle, wir
gehen hin und besuchen den Erlöser – den richtigen Erlöser
meinen wir. Nichts für ungut, Mara.

KÖNIGE:
Was ist das für ein hübsches Kind. Da, wir haben noch ein bisschen Gold zurückbehalten als Reisekasse. Das schenken wir euch gerne.

JUSSUF und MARA:
Danke, edle Herren, unseren allerherzlichsten Dank!!

HIRTE: (*rollt gerade die Kabel zusammen*) Und jetzt wird geteilt.

Von ferne hört man das Lied „Stille Nacht, heilige Nacht".

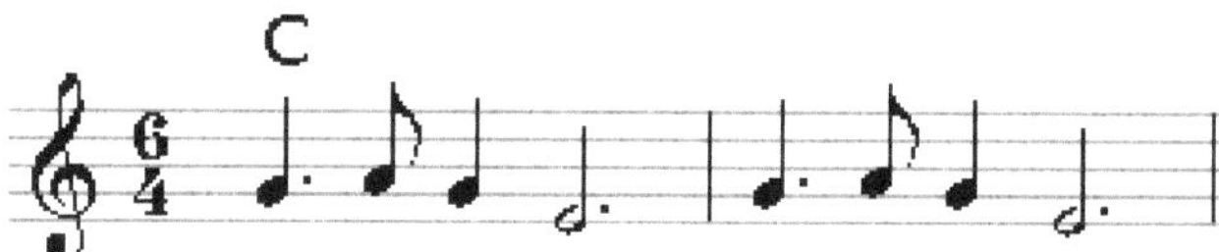

Ein Weihnachtsstern macht Kapriolen

eine nicht ganz ernsthafte Weihnachtsgeschichte
in 13 Bildern – paargereimt

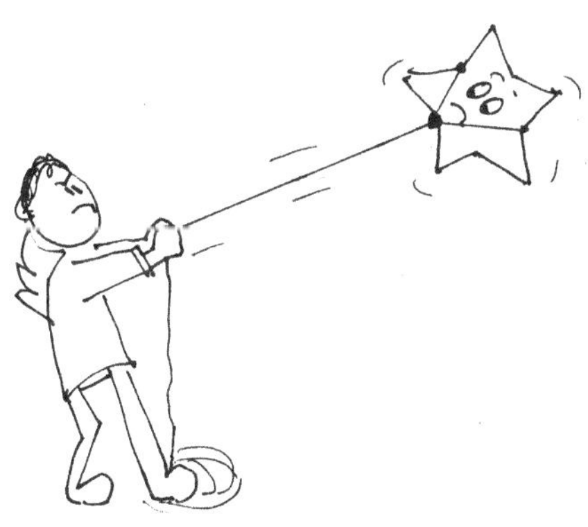

	Rollen	
1	Engel 1 - Michael	
2	Engel 2 - Gabriel	
3	Weihnachtsstern	
4	König 1 – Kaspar	
5	König 2 – Melchior	
6	König 3 - Balthasar	
7	Herodes	
8	Diener 1	
9	Diener 2	
10	Diener 3	
11	Diener 4	
12	Bote	
13	Herodes' Mätresse	
14	Petrus	
15	Raphael	
16	Michael	
17	Stern 2	
18	Hirte 1	
19	Hirte 2	
20	Zenturio	
21	Kundschafter	
22	Soldat 1	
23-26	Mehrere Engel	

1. Bild

Ein Stern dreht ab

Engel1 (Michael) zu Engel2 (Gabriel)
He Gabriel, schau mal nach unten
siehst du die Lichter da, die bunten?

Engel2
Was ist das denn, was soll das sein?
Von oben ist alles so klein!

Engel1
Goldgefunkel, weiße Spritzer
das scheint ein ziemlich flotter Flitzer!
Ein Stern der Größenklasse A!
Schau nur, er kommt, schon ist er da!

Engel 2
He du, du mit dem Glitzerschwanz
was soll denn dieser irre Tanz!
Du kannst doch nicht, als ob nichts wär
am Himmel düsen kreuz und quer!
Auch hier gibt's Regeln, lass dir's sagen!
Der Petrus geht dir an den Kragen!

Weihnachtsstern
Na, Engelchen, als Himmelssklaven
Seid ihr die Guten und die Braven!
Ich bin der Weihnachtsstern, wohlan
und habe durchwegs freie Bahn!

Engel1
Wohl nicht mit solchem Affenzahn!

Engel2
Sag schon, ist irgendwas passiert?

Engel1
Und sag, wieso so affektiert?

Weihnachtsstern
Ich werde – und bin ganz verzagt
seit ein paar Monaten gejagt!
Als würd ich einem etwas stehlen
werd ich verfolgt von drei Kamelen!
Ich bin am End, mein Tank ist leer
bald lösch ich aus, ich kann nicht mehr!

Engel1
Das tut mir leid, kann ich was tun?

Engel 2
Hier bist du sicher und kannst ruhn!

Weihnachtsstern
Wie gerne würd ich etwas ruhn
Anstatt wie ein gehetztes Huhn
Durchs Weltall hin- und her zu fegen
Ich hätte wahrlich nichts dagegen!
Leider bin ich, wie gesagt
verfolgt und kreuz und quer gejagt!
Kamele sind mir auf der Spur.
Was wollen diese Viecher nur?

Engel1
He Stern, ich hab da einen Plan!

Weihnachtsstern
Lass hörn, vielleicht ist etwas dran!

Engel2
Ein Plan? Ein echter Plan? Wie geil!

Engel1
Komm her und setze dich derweil!

Weihnachtsstern
Dein Plan! Du solltest dich beeilen
und nicht zu lang am Ausdruck feilen
die drei Kamele, wie du weißt!
Und eins davon ist wild und beißt!

Engel1
Wir könnten ein paar Sterne schwenken
und sie von Weg und Ziel ablenken!

Engel2
Du reduzierst dein grelles Licht
so finden dich die Viecher nicht!

Engel1
Genau, wir spielen Maus und Katz!

Engel2
Das machen wir! Nun los, du Fratz!

2. Bild

Die Könige auf dem Weg

König1
Ich hab bald Blasen an den Füßen!

König2
Auch meine Blasen lassen grüßen!

König3
Bei mir ist mehr der Po lädiert!

König1
Das kommt, wenn man <u>damit</u> marschiert!

König2
Was ist nun Kaspar, ist's noch weit?
Kein Weg zu sehen längs und breit,
ja, nichts als Steine, Felsen, Sand
und die sind schwarz und braun gebrannt!

König3
Um dieses Wunderkind zu finden
Muss unsereins sich ziemlich schinden!

König1
Schaut doch, Kollegen, sonderbar!
Ich glaub, dass es schon heller war!
Heut Abend ist's trotz Sterngefunkel
irgendwie besonders dunkel!

König2
He Balthasar, ich wüsste gern
wo bleibt denn heute unser Stern?

König3
Der Stern? Das möchte ich auch wissen!

König1
Auch ich beginn ihn zu vermissen!
Er war doch sonst mit Schwanz und Kragen
stets da in all den Wüstentagen!
Ob er wohl seine Kraft verlor?
Mit kommt das alles römisch vor!

König2
Sieh nur, Kaspar, dort im Norden
ist es plötzlich hell geworden!

König3
Schaut her, ein Irrlicht, seht nur dort!
Und nun ist es schon wieder fort!

König1
Da ist es, seht nur, ja schon wieder
dort hinten steigt es auf und nieder!
Einmal nahe, einmal fern
nein, nein, das ist nicht unser Stern!

König3
Bei diesem Auf und Ab, dem wirren
Kann sein, dass wir uns bald verirren!
Schaut her, nun ist das Licht im Osten
das wird uns einen Umweg kosten!

König2
Was denn nur, Osten, siehst du nicht?

Im Norden ist das wirre Licht!

König1
Wir haben unsern Weg verloren
wo wird denn nur das Kind geboren?
Und all das Gold, den Weihrauch, Myrrhe
führen wir nun in die Irre!

3. Bild

Bei Herodes im Palast

Herodes (singt)
Wie schön ist es, wie schön und fein
Herodes und der Boss zu sein!
Wie geil ist es, wie fein und schön
als König durch das Land zu gehn!

Diener1
Herr, verzeiht, ich muss euch stören

Herodes
Nun denn, was ist? Komm, lass schon hören.

Diener1
Da ist ein Bote angekommen
vom schnellen Ritt arg mitgenommen
er sagt, die Sache dränge sehr
die Botschaft sei bedeutungsschwer.

Herodes
Der nimmt es ernst mit seinen Pflichten!
Er komme her, er soll berichten!

Bote (keuchend)
Mein Herr, ich bring euch meine Grüße
und küsse euch dabei die Füße!
(verzieht angewidert das Gesicht)

Herodes
Nun, Bursche, sag, was ist denn bloß?
Sprich, oder brauchst du einen Stoß!

Bote
Die Sache, Herr, ist ziemlich triste
Es geht hier um ein paar Vermisste
Um Könige aus dem Morgenland
Verschollen, scheint's, im Wüstensand.

Herodes
Könige sagst du, ist das wahr?

Bote
Das schon, doch völlig unscheinbar
Und keines Falles so wie Ihr!

Herodes
Das Bürschlein, dieses rat ich dir!
Denn so wie mich kann's keinen geben
So ist das, Kerl, bei deinem Leben!

Bote
Natürlich, Herr, Ihr seid fürwahr
In allen Dingen unschlagbar!

Herodes' dümmliche Mätresse
Die Herren haben sich verlaufen?
Die sollten einen Kompass kaufen!

Bote
Ich sag es, Herrin, unumwunden
Der ist zurzeit noch nicht erfunden!

Herodes
Und was soll ich, der Herr der Herrn?

Bote
Ich denke doch, Ihr hört das gern:
Die Könige, sagt man, sind reich
Und einer ist sogar ein Scheich
Mit Weihrauchfeldern ohne Zahl!
Die Qualität sei erste Wahl!

Herodes
Weihrauch, sagst du? Etwas mager!
Was hat der zweite so auf Lager?

Bote
Der zweite König schwimmt in Gold.

Herodes
Wenn das so ist, bin ich ihm hold!
Der dritte, was schafft der so rüber?

Bote
Von Myrrhe quillt der König über
Myrrhe, gegen Bauchweh, Fieber.

Herodes
Na dann, was sollen wir noch warten?
Wir wollen eine Suche starten,
Ein Hubschrauber soll ziehn die Runden

Bote
Auch der ist, Herr noch nicht erfunden.

Herodes
Dann schnappt euch, und das auf der Stell
Die Rennkamele, und macht schnell!
Los, checkt die Wüste breit und lang
Ich warte auf den edlen Fang…

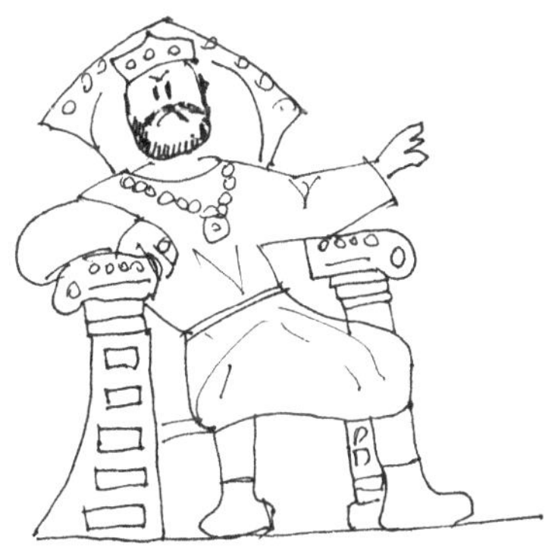

4. Bild

Zoff im Himmel

Petrus
Wo sind denn nur bei meiner Seel
der Michel und der Raffael?
Ich hab ein Wörtchen auszutauschen –
Ich hör nur ihre Flügel rauschen…
He ihr da, ihr zwei Federbälle!
Jetzt wird gebeichtet auf der Stelle!

Raphael
Wir, äh, wir haben halt gespielt

Michael
Und haben da und dort gewühlt

Raphael
Und ham ein bisschen diskutiert

Michael
Und uns vergnügt und amüsiert.

Petrus
Dass ihr euch nicht dabei geniert!
Der Himmel ist, du Engelsfratz
Kein Sport- und auch kein Tummelplatz.
So ist's, wenn man mit Seelen kickt
Und Kinder in den Himmel schickt!

Raphael
Genau, hier lebt sich's eher schlecht
Der Himmel ist nicht artgerecht!
Harfe spieln und das nach Noten
Für Kinder wird hier nichts geboten!

Petrus
Ihr haltet mich für eine Blöden
Versucht euch billig rauszureden!
Ihr seid, das sei euch klar gesagt
Der Sabotage angeklagt.
Ihr habt den Morgenstern, den Armen
Verwirrt, und das bis zum Erbarmen
Solange, bis er voller Wahn
Abtrieb von der Himmelsbahn.
Zudem verlor er seinen Schein.

Raphael
Ein bisschen Spaß, das darf doch sein!

Michael
Geholfen ham wir ihm sogar
Vor den Kamelen, <u>das</u> ist wahr!

Petrus
Ach was! Ihr habt ihn abgelenkt
Ihr wisst genau, er ist beschränkt
Er leidet ohne Ziel und Plan
chronisch an Verfolgungswahn.
Ja und wie ist die Lage jetzt?
Der Stern ist aus der Bahn, er hetzt
Seitdem am Himmel kreuz und quer
Dass alle sich im Kreise drehn -

Raphael
Wir finden's, muss ich sagen, schön!

Petrus
Was schön! Das Date bei Bethlehem
Wird platzen, das ist das Problem!
Die vielen Körbe bei den Wirten
Ochs und Esel und die Hirten
Ganz umsonst ist die Staffage
Nicht auszudenken die Blamage!
Nichts wird's mit dem Kind im Stall
Mit Engelschor, Posaunenschall
Es steht doch alles in der Bibel:
Der Engelschor, der Stern am Giebel
Wenn keiner die Reklame sieht
Den Stern, der auf dem Dachfirst glüht
Dann bleiben die Touristen aus
Kein Kerzenschwenken, kein Applaus
Kein Mensch erscheint dann, das ist logisch
Ist alles noch so theologisch!

Michael
Da wird mir, gib mir einen Kübel!
Vom letzten Manna richtig übel.
Das alles haben wir verbockt!

Raphael
Da ham wir uns was eingebrockt!

Petrus
Das kann man, Bürschchen, wirklich sagen!
Ihr seid die achte der sieben Plagen!

Raphael
Kannst, liebster Petrus, uns was raten?
Wir wolln nicht in der Hölle braten
Dort werden Engel von spät bis früh
Gegrillt so wie das Federvieh!

Michael
Oh je, ich armes Himmelshuhn!

Raphael
Nun Petrus, können wir was tun
Um diese Scharte auszuwetzen?

Petrus
Wohlan, die Reue kann man schätzen.
Das ist mein Vorschlag, meine Lieben:
Ihr müsst im Sturz nach unten fliegen
Und in der Wüste ohne fluchen
Nach Königen und Kamelen suchen.
Habt ihr das Zielobjekt gefunden
Seid ihr von weiterem entbunden.
Ihr meldet ohne Trödelei
Den Fund in unserer Kanzlei.

Raphael
Ich nehme diesen Auftrag an!

Michael
Ich auch, wohlan, wir starten dann.

Petrus
Vergesst nicht neben etwas Essen
Auch eine Wolke auszupressen
Ich weiß nicht, ist euch dieses klar:
Wasser ist da unten rar.

Raphael
Und wenn wir damit fertig sind
Ist dann erlassen unsre Sünd?

Petrus
Sagt ich doch! Halt ein, bleibt stehn
Ich hab da etwas übersehn!

Raphael
Noch etwas?? Nun, warum denn? Weil?!

Petrus
Na ja, da ist noch ein Detail.
Nachdem ihr unser Set gestört
Worüber jeder sich empört
Ist es doch klar in diesem Fall
Dass <u>ihr</u> die Könige führt zum Stall
Anstatt des Sterns, der weiß Gott wo
Brennt und funkelt lichterloh.

Michael
Wir zwei? Dir, Petrus, ist schon klar
Dass das kein guter Einfall war!

Raphael
Genau, so ist es, wir zwei Toren
Haben uns schon oft verloren
Vergessen's Beten und Verneigen
Von unsrer Harfe ganz zu schweigen!

Petrus
Ihr seid mir schöne Drückeberger
Macht ständig Mist und nichts als Ärger!
Das ist mein letztes Wort fürwahr
Sonst steigt das Strafausmaß sogar!
Jetzt wird nicht mehr lang rum geschnattert
Ab mich euch, jetzt wird geflattert!
Wir sehen uns, es muss gelingen!
Vorm Stall beim Halleluja-Singen.

5. Bild

Rettung der Könige

Balthassar
Langsam Kaspar, was für Eile!

Kaspar
Wir fressen heut noch eine Meile
Oder wenn's geht deren zwei.

Melchior
Mir ist eh alles einerlei.

Balthasar
Mir kommt es vor, dass Oskars Nase
Wittert eine Palmoase!

Kaspar
Oskar ist halt ein Kamel
Ein dumm's dazu, bei meiner Seel.

Melchior
Mir selber ist bald alles Wurscht
Ich komme eh bald um vor Durscht.

Kaspar
Ist echt ein Unglück, dass der Stern
Fort ist, was soll denn nun werrn?

Balthasar
Kein Tau wo vorn ist und wo hint!
Und wo ist nun das Wunderkind?

Kaspar
Nur Sand und Dünen wie ein Meer!

Balthasar
Die Wasserschläuche sind längst leer
Mein Oskar, der knickt ständig ein
Das wird wohl bald das Ende sein.

Melchior
Ich setz mich nieder, kann nicht weiter
Lasst mich nur hier, das ist gescheiter.

Kaspar
Ein Stückchen noch! Komm geh schon, lauf
Bald geht die Sonne wieder auf
Wir müssen rasch auf alle Fälle
Zu einer Rast- und Schattenstelle.

Melchior
Lasst mich und nehmt den Weihrauch hier
Und grüßt das Wunderkind von mir.
Auch meinen Oskar schenk ich euch
Aus ist es mit mir armem Scheich.

Balthasar
He Kaspar, ist das Fieberwahn?
Schau dir einmal den Oskar an!

Kaspar
Hast Recht, auch mein Kamel gibt Gas
Als wittert's Wasser sowie Gras!

Melchior
Kommt, lasst uns eilen, lasst uns fliegen!

Kaspar
Ich dacht, du liegst in letzten Zügen?

Melchior
Ach was! Ich werd den Oskar satteln
Es lockt ein Bad, es locken Datteln!

(die beiden Engel erscheinen)

Raphael
Ihr Herren, aus ist's mit dem Schinden
Wie gut, dass wir euch lebend finden!

Kaspar
Ein Ort wie auf den Ansichtskarten!

Balthasar
Gibt es hier einen Kindergarten?

Melchior
Ihre beiden hübschen weißen Bengel
Ihr seid wohl Putten oder Engel?

Raphael
Boten sind wir, glaubt uns dies
Und kommen stracks vom Paradies!

Kaspar
Lasst uns, bevor wir niedersinken
Doch erst mal aus der Quelle trinken.
Dann sind wir, wenn's euch beide freut
Zu einem Pläuschchen gern bereit.

Michael
Na hört, wir sind doch Himmelsboten!
Macht einen Knicks, einen devoten!

Raphael
Lass, Michel, Menschen sind daneben
Sie wollen ständig überleben.
Denken bis zum letzten Hauch:
Ist er wohl gefüllt, der Bauch?

So, vorbei das Plätschern, Tunken
Es hat sich nunmehr ausgetrunken!

Melchior
Was soll der Stress, was soll'n die Faxen
Lasst uns doch hier etwas relaxen!

Raphael
Erhört ist euer Flehn und Beten
Weil wir jetzt euren Stern vertreten!
Das muss euch doch wohl intressieren!

Melchior
Nicht nach dem Dürsten und Marschieren!

Balthasar
Was, ihr zwei Buben wollt uns führen?
Wir wolln uns nicht noch mal verlieren!
Ihr wisst, verzeiht das offne Wort
Ganz sicher nicht wo West, wo Ost.
Habt nicht mal einen Rucksack mit
Und scheint mir auch nicht eben fit!
Bleiche Ärmchen, blonde Löckchen
Barfuß und mit weißem Röckchen
Könnt nicht mal halten einen Zügel…

Raphael
Doch haben Federn wir und Flügel!
Damit sind wir in jedem Fall
Lang vor euch beim Weihnachtsstall!

Michael
Ihr solltet uns nicht unterschätzen
Euch lieber in Bewegung setzen!

Raphael
Das Kind, dem ihr entgegen reist
Ist in Gefahr, so wie es heißt!

Kaspar
Wie das? Wer will es denn verletzen?

Michael
Herodes sucht es, lässt es hetzen!

Raphael
Herodes ist in jenem Orte
Ein Herrscher von der schlimmsten Sorte

Michael
Er fürchtet sehr um seinen Thron
Hat Angst vor einem Judensohn -

Raphael
Schon klar, dass ihr drei Herren wisst
Dass er gar Gottes Söhnchen ist

Kaspar
Gottes Sohn? Ein Wunderknabe
Dies ist das Wissen, das ich habe!

Melchior
Gottes Sohn? Ist das der Fall?

Balthasar
Sieht man das denn am Ultraschall?

Raphael
Jetzt wisst ihr, Eile ist geboten!

Michael
Seht ihr ihn dort, den Streif, den roten?
Das ist die Richtung, zieht nun weiter
Zieht des Weges, edle Reiter!

Kaspar
Das klingt, das würde mir nicht passen
Nach Abschied, wollt ihr uns verlassen?
Ich dachte doch, dass wir euch Knaben
Ab jetzt zu unsern Führern haben?

Raphael
Wir müssen kurz vom Weg abbiegen
und einen kleinen Umweg fliegen

Michael
Ein Auftrag führt uns fort ein Stück
Ist der getan, sind wir zurück!

6. Bild

Auf der Suche nach dem Stern

Michael
Der Petrus ist nicht informiert

Raphael
Was bringt's, wenn man lang diskutiert!

Michael
Das Ganze bringt mich schon ins Schnaufen -
Was ist, wenn sich die Herrn verlaufen?

Raphael
Lass nur nicht deine Flügel hängen!
Am besten ist's, wenn wir's verdrängen
Stets dieses Könnte, Hätte, Würde!
Nichts als Bremse, nichts als Bürde!
Wir werden Sterne fragen müssen
Ob sie von unserm etwas wissen.

(ein Stern zieht vorüber)

Michael
He du, bleib doch ein wenig stehn!
Hast ein' Kometen du gesehn?
Einen eher etwas wirren?

Stern 2
Die Richtung da, ihr könnt nicht irren.
Er schlägt so wie ein junges Fohlen
Ausgelassen Kapriolen.
Er sprüht und schaukelt, tobt und funkelt
Dass es dort niemals dämmert, dunkelt.
Ist ständig fröhlich und auf Trab.

Michael
Dann danken wir und schwirren ab!

Raphael
Wir sollten, Michel, uns jetzt trennen
Und jeder seiner Wege rennen.
Du suchst den König, ich den Stern

Michael
Die Rolle, ja, die mach ich gern!
Der König soll die Scheichs verpassen

Raphael
Der Stern von seinem Wahn ablassen

Michael
Und nach getaner Tat, um vier
Treffen wir uns wieder hier.

Raphael
Alles Gute wünsch ich dir!

7. Bild

Der Weihnachtsstern wird eingebremst

Weihnachtsstern
Holladio, holladiri
Der coolste Weihnachtsstern bin i!

Raphael
Hallo Kollege, halt mal ein!

Weihnachtsstern
Wie schön ist es, ein Stern zu sein!

Raphael
Ja schon, doch halt ein wenig still!

Weihnachtsstern
Ich halt erst still, wenn ich das will!

Michael
Lass es doch nur ganz kurz, das Tollen
Weil wir dir etwas sagen wollen.

Weihnachtsstern
Ach, ihr seid es? Hallo Kollegen!
Bringt ihr von Petrus einen Segen?
Ich sprühe voller Dankbarkeit
Ihr habt mich von dem Zwang befreit!
Vergessen ist der alte Wahn
Jetzt zieh ich meine eigne Bahn!

Raphael
Das sehe ich, das merkt man schon…

Weihnachtsstern
Vergangenheit sind Zwang und Fron!

Raphael
Das, lieber Sternenfreund, ist schön
Doch haben wir jetzt ein Problem!

Weihnachtsstern
Ich sehe kein Problem, verzeiht
Ich spüre nichts als Glück und Freud!

Raphael
Erinnerst du dich etwa nicht
An deinen Auftrag, deine Pflicht?
Die Herrn, die du hättst führen sollen
Die sind im Wüstensand verschollen!

Weihnachtsstern
So wahr ich bin ein Weihnachtsstern
Hör ich so etwas gar nicht gern!
Doch Sterne sind gemacht fürs Schwingen
Sie schweben über allen Dingen.
Du klingst so wie ein elitärer
Alter griesgrämiger Lehrer!
Aufgaben voll Ernst und Pflicht
Das ist vorbei, das mach ich nicht!

Raphael
Was willst du also weiter machen?

Weihnachtsstern
Nun, singen, toben, funkeln, lachen
Das ist der Zweck der Existenz:
Nie Winter mehr und ewig Lenz!

Raphael
Du bist, und das mit Schweif und Haaren
Total auf Wellness abgefahren!
Ich kann dein Wesen wohl nicht beugen
Kann dich nicht bremsen, überzeugen

Weihnachtsstern
So ist es, und denk auch daran:
du warst es, der mir nahm den Wahn!

Raphael
Dann bleibt mir noch, bevor wir düsen
Von Petrus herzlich dich zu grüßen.
Ich soll dir sagen, eh wir gehn
Dass er dir wird den Strom abdrehn.

Weihnachtsstern
Das soll er sich nur unterstehn!
Was fällt dem Petrus ein, dem Alten
Mich einfach ein- und auszuschalten??

Raphael
Nimm's locker, sei nicht überspannt!
Irgendwann ist jeder ausgebrannt.
Du machst im Altersheim ein Kürchen –

Weihnachtsstern
Gibt's denn nicht wo ein Hintertürchen?

Raphael
Du meinst damit, du willst verhandeln?

Weihnachtsstern
Will keinesfalls im Dunkeln wandeln!

Raphael
Tja, ob das geht bei unsern Bossen?
Petrus schien mir sehr entschlossen.
Ist ungeduldig für sein Alter
Hat seine Hand ganz fest am Schalter.

Weihnachtsstern
Hilf du mir, Freund in meinem Leid
Ich fürchte mich vor Dunkelheit!
Der Himmel ist voll Hunde, Bären
Die warten nur, mich zu verzehren!

Raphael
Nun, lass mich etwas überlegen:
Dein Schweif taugt sicher gut zum Fegen
Du könntest und das brächte Nutzen
Nacht für Nacht den Kosmos putzen -

Weihnachtsstern
Und wenn ich – und ich mach das gern –
Spiele wieder Weihnachtsstern?

Raphael
Vielleicht lässt sich ja alles kitten,
Ich könnte Petrus für dich bitten

Weihnachtsstern
Für deine Hilfe, die Geduld
Wär ewig ich in deiner Schuld.

(Raphael fliegt weg und kommt bald darauf zurück)

Weihnachtsstern (leuchtet vor Aufregung dunkelrot)
Wie ist's gelaufen? Sag schon, Freund?

Raphael
Du bist ein Glücksstern, wie es scheint!
Petrus ließ sich überzeugen
Du hast zu folgen und zu schweigen
Und deinen Job, du sollst dich schämen!
Unverzüglich aufzunehmen.

Weihnachtsstern
Du bist ein Freund, wie kann ich danken?

Raphael
Wende deinen Schwanz, den blanken
Wir wolln mit deinem Lichterschein
Den Königen zu Diensten sein.

Weihnachtsstern
Ach wie lustig, ach wie schön
Ich werd das Jesuskindlein sehn!
Komm, Freund, setz dich auf meinen Schweif
dein Fluggerät ist lahm und steif!

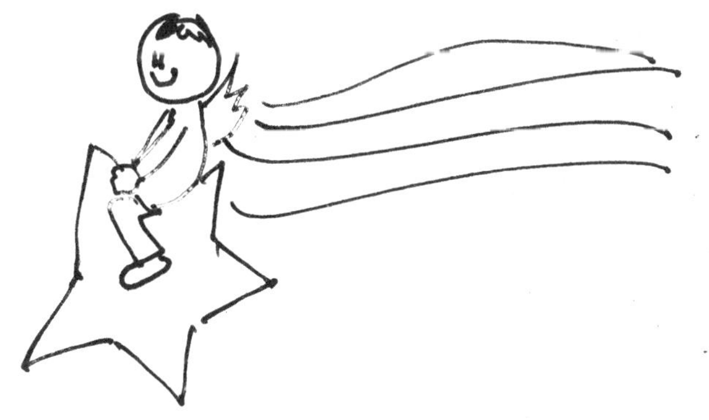

8. Bild

Die Könige finden ihren Weg

Balthasar
Da ist ja unser Stern, da seht!

Kaspar
Ob das mit rechten Dingen geht!
Er scheint ja eine Länge schneller

Melchior
Und obendrein erheblich heller

Balthasar
Als ob – ich seh's nicht in der Eile
Ganz hinten säße eine Beule
Ein zweiter Stern, wie hell und schön

Kaspar
Schaut nur, jetzt bleibt er sogar stehn
Und setzt sich jetzt, und das im Flug
als Lotsenstern vor unsern Zug!
Der Weihnachtsstern mit seinem Licht
Der gibt uns allen Zuversicht.

9. Bild

Zwei Engel in Aktion

Raphael
Hast du den Auftrag ausgeführt?

Michael
Ich habe alle angeschmiert
Ich habe Chaos ausgestreut

Raphael
Wie schön das ist, wie mich das freut!

Michael
Herodes wollt auf leisen Socken
Die Scheichs zu dem Palast her locken
Um sie dort tüchtig abzuzocken.

Raphael
Und du, wie hast du das verhindert?

Michael
Ich habe seine Gier gemindert
Verborgen unterm Engelskittel
Gab ich ihm rasch ein Abführmittel
Unsichtbar vom Kopf zum Zeh
Schlich ich mich in seine Näh
Und gab – wie sehr erfreut mich das!
Das Mittelchen ins Rotweinglas.
Es hat nur wenig Zeit gedauert
Dann war Herodes ausgepowert.
Seitdem läuft er mit Baldachin
Vom Klo zum Thron stets her und hin.

Raphael
Clever, Michel, muss ich sagen

Michel
Mich freut's halt, wenn sich Herrscher plagen!
So hat der König heut und morgen
Eine ganz andere Art von Sorgen
Die Scheichs sind, das ist so geglückt
In weite Ferne nun gerückt.
Und du, hast du die Herrn gefunden?

Raphael
Das schon, doch sind sie arg geschunden
Nur die Kamele, nicht die Reiter
Kauen unbekümmert weiter
Man merkt den Viechern gar nichts an
Bleiben stur auf ihrer Bahn

Michael
Sie leben noch, die edlen Herrn
Doch was ist denn mit unserm Stern?

Raphael
Das war bei Gott kein leicht's Kapitel
Der Stern, der braucht ein starkes Mittel!

10. Bild
Bei Herodes

Diener1
Mein Herr, das Fieber ist verschwunden
Ihr habt die Krankheit überwunden.

Diener2
Wir haben, Herr, uns sehr bemüht
Ham Rosenwasser ausgesprüht

Diener3
Die Luft ist nun nicht mehr vergiftet
Wir haben Tag und Nacht gelüftet
Die Fliegen, dieses wird nun enden
Fallen nicht mehr von den Wänden!

Diener4
Das Klo wird man erneuern müssen
Es ist zur Gänze zuge(schissen).

Herodes
War denn mein Essen gar verdorben?
Ich wär beinah daran gestorben!
Womöglich war's ein Attentat.

Diener1 (leise)
Wir beten drum von früh bis spat…

Diener2
Das wäre, Herr zu übermütig
Ihr seid ja über alles gütig!
Wer sollte euch denn Übles wollen.

Diener1 (leise)
Der Kerl ist ganz schön aufgequollen!

Diener3
Jetzt wo zu unser aller Freud
Ihr, Herr, fast ganz genesen seid:
Wärt Ihr zum Herrschen nun bereit?

Herodes
Ich fühl mich schwach, wie ihr ja seht
Doch wenn ihr mich ums Herrschen fleht
Will ich mich auf den Thron nun zwängen.
Ist wer zu foltern und zu hängen?
Ich war mit einem Fuß im Grab
Fast ging mir das Hinrichten ab.
Da ist mir was im Kopf geblieben:
Hat man die Scheichs denn aufgetrieben?

Diener1
Die Truppen haben, sagt ein Hirt
Den ich befragte, sich verirrt.
Er sagt, es habe sie bei Nacht
Ein böser Geist verrückt gemacht
Sie wären dann in hellen Haufen
In alle Richtungen gelaufen.
Und wie aus einem Höllenrachen
Vernahm man dann ein irres Lachen.

Herodes
Bei Jupiter und bei Apoll!
Das ist verrückt, was sag ich: toll!
Da sind mir diese fetten Braten
Durch meine Finger jetzt geraten!
Die Truppen soll man nun ergreifen
Und flugs zum nächsten Galgen schleifen!

Diener1
Mein Herr, die Männer sind schon tot.

Herodes
Das ist nicht fair, ich sehe rot!

Diener2
Was denkt Ihr Herr von diesem Knaben?
Dem bringen sie doch ihre Gaben.

Herodes
Das hatte ich, das tut mich stressen
Im Fieberwahn total vergessen!

Diener2
Wir könnten, um den Weg zu kennen
Schau'n, wohin jetzt alle rennen.
Die führen uns doch ungewollt
Zu diesem Knäblein und zum Gold!

Diener3
Wir können sie doch ziehen lassen
Und sie dann erst am Zielpunkt fassen.
So streicht Ihr ohne Müh und Plagen
Die Beute ein mit Kopf und Kragen!

Herodes
Der Plan ist, Bursche, nicht daneben!
Ich lass dich noch ein bisschen leben
Falls dieser Plan jedoch nicht fruchtet
Wirst du, mein Lieber, eingebuchtet.
Los, dann schaut nicht weiter dumm
Und setzt die Sache endlich um!

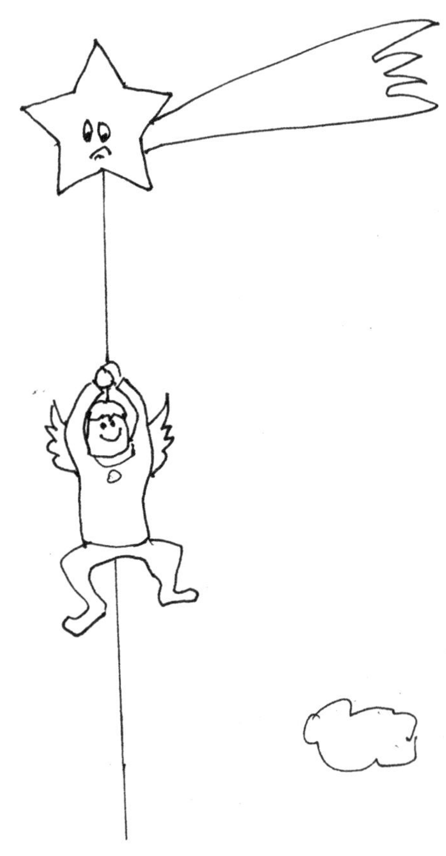

11. Bild

Bei den Hirten

Hirte1
Der Kaiser glaubt, er muss uns quälen
Will jetzt auch unsre Schafe zählen!

Hirte2
Bei dir, mein lieber Vetter Sem
Ist ja das Zählen kein Problem!
Wo jemand es an Schafen fehlt
Da hat's sich schnelle ausgezählt!

Hirte1
He, Ham, spiel dich hier nicht so auf
Auch du hast Schafe nicht zuhauf!
Die Schafe, die auf zwanzig fehlen
Kann selbst der dümmste Römer zählen!

Hirte2
Die Rechnerei ist mir zu steil
Ich hole Feuerholz derweil.

Hirte1
Doch pass mir auf die Wölfe auf!
Mach schnell, beeile dich und lauf!

Hirte2
Die Nacht ist heute, sonderbar!
Besonders kühl und sternenklar.
Der helle Schein, was ist das, Sem
Ist das dort drüben Bethlehem?

Hirte1

Es ist zum Fürchten und zum Beten!
Die Stadt quillt ringsum aus den Nähten.
Man traut sich bald nicht mehr hinein
Wir sind zu wenig schick und fein!

Hirte2

Der Schein wird doch zunehmend heller!
Da, Sem, das Licht, groß wie ein Teller!

Hirte1

Die Schafe sind in Aufruhr, sieh!

Hirte2

Ich sah ein solches Schauspiel nie!

Hirte1

Da lösen sich, kannst du's erkennen?
Zwei Funken, und sie fallen, brennen
Sie kommen nun in unsre Nähe

Hirte2

Zwei Engel sind's, wenn ich recht sehe!

Raphael

Ihr kennt den Spruch, ihr beiden Bübel
Er steht bei Markus in der Bibel:
Gott sei Ehre in der Höhe
Und Frieden euch hier in der Nähe!
In einem Stall, kommt spitzt die Ohren
Ist Gottes Sohn als Mensch geboren.
Geht hin und betet ihn nun an

Hirte1

Verzeiht, ich bin noch ganz im Bann
Von dem was hier geschieht heut Nacht!

Hirte2
Welch Licht und was für große Pracht!

Michael
Ihr Hirten, regt euch doch nicht auf
Das alles nimmt jetzt seinen Lauf
Das was die Schrift seit alter Zeit
Berichtet wird Gewissheit heut.

Raphael
Bevor ihr nun zur Krippe eilt
Wird euch die Botschaft ausgeteilt:
Nicht alle, die die Botschaft hören
Lassen sich von ihr betören
Und folgen andächtig zur Krippe.

Michael
Die Römer und Herodes' Sippe
Fürchten sich vor einem Kind.
Seht nur, wie mutig Herrscher sind!

Raphael
Bald kommen aus dem Wüstensand
Könige her vom Morgenland
Reich beladen, voll mit Schätzen
Um das Kindlein zu ergötzen.

Michael
König Herodes ließ befehlen
Den Königen den Schatz zu stehlen

Raphael
Und auch das Kind, lasst euch berichten
Das will er suchen und vernichten
hat Angst, es würde als Gottes Sohn
Anspruch erheben auf den Thron.

Hirte1
Ihr Engel, das muss man vereiteln!
Man muss den König stoppen, beuteln!

Michael
Genau deswegen sind wir hier.
Mit euch zusammen sind wir vier!

Hirte2
Zwei Engel und zwei arme Knaben
Da wird der König Leichtes haben!

Michael
Mein Lieber, höre zu und merke:
Verkenne niemals deine Stärke!
Sind Mensch und Engel im Vereine
Machen sie den Bösen Beine!
Geben Saures ihr und ihm
Sind ein unschlagbares Team!

Hirte1
Wenn du meinst? Mit euren Flügeln
Seid ihr rasch über Tal und Hügeln
Und könnt die römischen Kohorten
Von oben und im Fluge orten.

Hirte2
Mit Luftwaffe und Bodentruppen
Versalzen wir die Römersuppen!

Raphael
Halt ein, es reicht, daran zu denken
Die Römer etwas abzulenken.
Wenn sie euch nach den Scheichs befragen
Sollt ihr sie in die Wüste jagen.

Hirte1
Jagen? Lieber Engel mein
Das wird für uns nicht möglich sein!

Michael
Sagt ihnen halt, das wird schon gehn
Dass sie dort ihre Beute sehn.
Wir informieren mittlerweile
Die andern Hirten voller Eile.

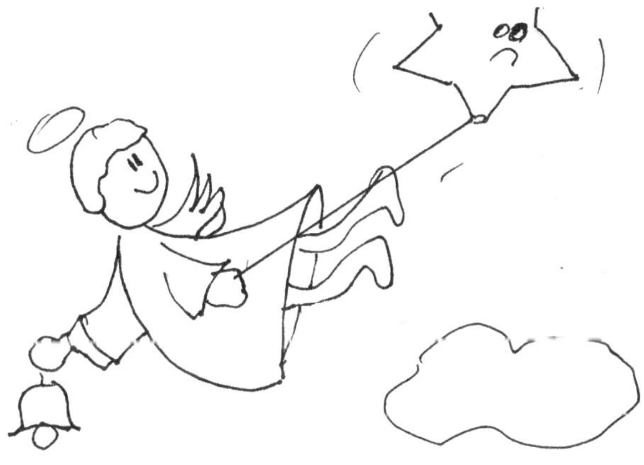

12. Bild

Herodes' Suchmannschaft

Zenturio
Stillgestanden die Kohorte!
Wir lagern hier an diesem Orte.
Zieht den Graben, holt die Zelte
Los, sonst gibt es Straf und Schelte!

Kundschafter
Kann ich, Zenturio, euch berichten?

Zenturio
Das zählt doch wohl zu deinen Pflichten!
Lass hören, hast du Neu's erfahren?

Kundschafter
Die Gegend hier ist voll Gefahren!
Wölfe, sind da, Ungeheuer
Fremde Laute, fliegende Feuer –

Zenturio
Wo ist dein Römerstolz geblieben?

Kundschafter
Der, Herr, wird einem ausgetrieben
Die ganze Landschaft scheint zu leben!

Zenturio
Wirst du nun endlich Meldung geben?
Habt ihr den Zug der Scheichs gefunden?

Kundschafter
Wir haben uns durch Sand geschunden
Auf Berge und ins Tal gewagt
Und haben jeden ausgefragt.

Zenturio
Ja und, was ist der Dinge Stand?

Kundschafter
Kein Jud weiß was im ganzen Land.
Soviel man ihn auch würgt und druckt:
Der Zug der Scheichs ist wie verschluckt!

Zenturio
Dann ab mit dir und eile, sause
Für dich gibt's solang keine Pause
Bis du den Auftrag hast erfüllt.
Verschwinde, sonst werd ich noch wild!

Soldat1
Hab ich, Zenturio, euch geweckt?
Ich habe eben was entdeckt!

Zenturio
Doch weh, du störst hier meine Ruh!

Soldat1
Ein Kind, ganz weiß und ohne Schuh!

Zenturio
Ein Judenkind und ganz allein?
Das kann nur eine Falle sein!
Bring diesen Burschen her ins Zelt
Drauß' werden Wachen aufgestellt.

(Michael tritt in Verkleidung eines Judenkindes auf)
Was ist mit dir, kannst du Latein?

Michael
Und klassisch ist es obendrein!
Nachricht habe ich für euch.

Zenturio
Nachricht etwa von den Scheich?

Michael
Das wollt ich melden, wollt ich sagen.
Wir haben sie vor ein, zwei Tagen
Im Osten, wo der Tag sich lichtet
Mit ihrem stolzen Zug gesichtet.
Zwanzig Leute oder mehr –

Zenturio
Die Scheichs? Die Meldung freut mich sehr!
Lass dir ein Paar Sandalen geben
Nach Osten lass uns eilen, streben!

Michael
(zu Raphael, dieser unsichtbar)
Die Sache, scheint es, ist geglückt!

Raphael (wird sichtbar)
Wem sagst du das, ich bin entzückt!
Du hast, wenn man dich besser kennt
Als Schauspieler ganz schön Talent!
Die Gabe könnt bei Groß und Klein
Im Himmel ziemlich nützlich sein!

Michael
Ich danke für den Weihrauch, Bruder
Nun legen wir uns in die Ruder

Drehn westwärts unseres Schiffes Bug
Und suchen eiligst unsern Zug
Die Könige und unsern Stern:
Bethlehem ist nicht mehr fern.

13. Bild

Angekommen

Hirte1
Der Stall, der ist doch der vom Sepp?

Hirte2
Du warst schon immer so ein Depp!
Kannst nicht mal deine Schafe scheren
Schau doch mal hin, lass dich bekehren!

Hirte1
Wie schnell du immer wütend wirst!
Ich schau ja hin, dort auf dem First
Ist alles voller Firlefanz
Und mitten drin sitzt eine Gans!

Hirte2
Was denn für Gans, du dummer Bengel!
Das da ist doch der Weihnachtsengel!
Nicht alles das, was Flügel hat
Ist da zum Essen und macht satt!

Hirte1

Beim Stall vom Sepp da ist was los!
Hörst du den Lärm und das Getos?

Hirte2

Das ist Musik, ein ganzer Chor
Engel singen uns was vor!
So hör doch: Friede euch auf Erden
Wie schön, dass wir nun Brüder werden
Eure Erlösung ist ganz nah
Hallelui – Halleluia!

Hirte1

Wir holen unsre Steppenmäher
Und wagen uns ein Stückchen näher.

Hirte2

Ich möchte, ach, das wäre fein
Ein Blick riskiern in den Stall hinein.

Hirte1

Da, der Stern, wie hell er scheint!

Hirte2

Der Mann dort, der vor Freude weint –

Hirte1

Die Frauen, sieh doch, bringen Gaben –

Hirte2

Wir haben nichts, wir arme Raben!

Hirte1

Der Stern, er klebt nun auf dem Dach

Hirte2
Das macht so schnell ihm keiner nach!
Der Schwanz poliert, die Zacken blinken
Am liebsten würde ich ihm winken!
Mich auf ihn setzen für eine Runde
Verkünden allen frohe Kunde!

Hirte1
Schau mal, dort, der Stern hat Zügel
Und vorne steht ein weißes Bübel
Das hat ihn, wenn ich sehe recht
Eingeparkt und das nicht schlecht!

Hirte2
Wir könnten doch ein Lämmlein bringen
Und dazu einen Jodler singen.

Hirte1
Hast Recht, denn so mit leeren Händen
Wird Gott uns keinen Frieden senden!

Hirte2
Ich nehm das schwarze mit den Locken
Da gibt's fürs Kindchen warme Socken

Hirte1
Und ich, ich nehme hier zur Not
Ein Stück vom Käse und ein Brot.
Und jetzt, jetzt sollten wir es wagen
Und diesem Kind was Nettes sagen

Hirte2
Die Eltern, das wär doch vermessen
Die dürfen wir auch nicht vergessen!

Hirte1
Los, dann nichts wie durch die Menge

Hirte2
Welcher Glanz, was für Gedränge!

Die Engel
So das wäre durchgestanden!
Aus allen Orten, allen Landen
Sind Menschen hier vor Gottes Haus
Auch unsre Scheichs mit Mann und Maus
Und des Herodes Schergen rosten
Suchen Steine nun im Osten.

Engelchor
Friede für die Menschenkinder
Für die Guten, für die Sünder
Alle sei'n mit Bausch und Bogen
Ins Weihnachtsfest mit einbezogen!

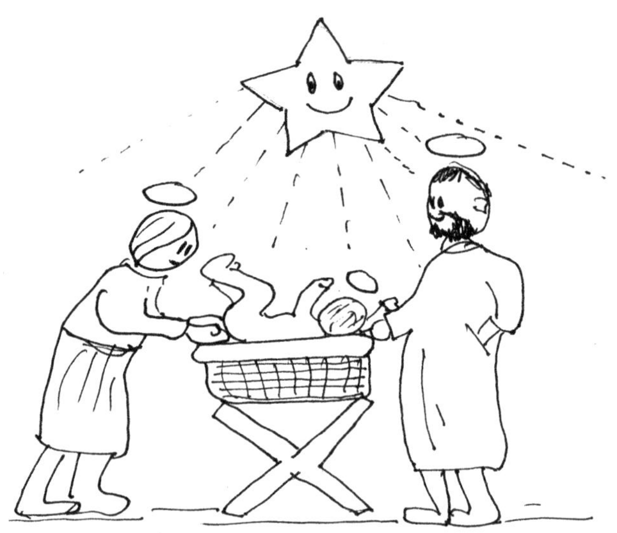

Zum Autor

Elmar Perkmann ist in Völs, Südtirol, geboren. Nach der Matura 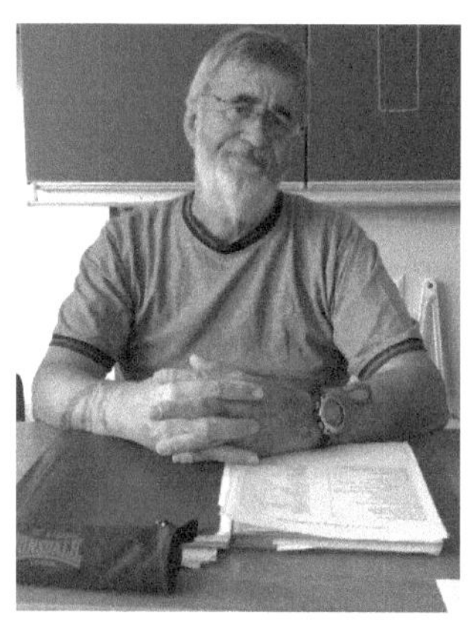 (Abitur) Unterricht an einigen Grundschulen, dann Aufnahme eines Literaturstudiums, Abschluss desselben mit einer Dissertation über Max Frisch. Arbeit an der Mittelschule in Klausen, Südtirol. Übersiedlung für acht Jahre nach Salzburg, Zweitstudium in Psychologie/Psychopathologie mit weiteren vier Semestern Publizistik – Kommunikationswissenschaften. Therapieausbildung in Gesprächspsychotherapie nach Rogers, nicht abgeschlossene Ausbildung in Gestalttherapie nach Perls. Vier Jahre Arbeit als Leiter der sozialtherapeutischen Jugendwohngemeinschaft mit sozial verwahrlosten Jugendlichen in St. Johann/Pongau und in Salzburg Stadt, dann 1982 Übersiedlung nach Völs in Südtirol und und bis 2015 Lehrer an der Mittelschule in Kastelruth. Viele Jahre tätig in der Lehrerfort- und -ausbildung und in Zusammenarbeit mit der Universität Innsbruck als Tutor in der Lehrerausbildung.

Bislang erschienene Werke:
„Studien zur Maske", eine lyrische Sammlung. Vier Publikationen zu Schloss Prösels in Völs am Schlern, Südtirol: Die erste 1982 zusammen mit dem Künstler Ivo Rossi Sief „Text und Bildimpressionen", dann 2006 im Auftrag der Gemeinde Völs die Gedenkschrift zu den Hexenprozessen. 2013 und 2014 erschienen zwei weitere ISBN-Arbeiten: „Schloss Prösels lebt!" und „Schloss Prösels für Kids". Darauf folgten „Remis", eine humorvolle und sarkastische lyrische Sammlung über das Gender-Thema; „Unterwegs", ein lyrischer Wegweiser und Wegbegleiter. 2015 kam der Essayband „Lehren – oder die Kunst, Fenster zu öffnen" in den Buchhandel.